INHALT

W0056205

—7 GESCHENKE—

EINLEITUNG

Stephan Sigg

7 GESCHENKE

Über eines habe ich mir lange den Kopf zerbrochen: Wie gerne hätte ich es schön eingepackt, mit einer glänzenden Schleife versehen, vielleicht sogar noch ein bisschen Glitter darauf gestreut, so dass du sofort gesehen hättest: Dieses Geschenk ist etwas ganz Besonderes! Doch für manche Geschenke ist es echt schwierig, eine passende Verpackung zu finden. Und bei diesem ist es ein Ding der Unmöglichkeit, zumal es auch mehr als nur ein Geschenk ist: Bei der Firmung bekommst du nicht nur ein, sondern gleich sieben Geschenke. Größe? Unmessbar. Preis? Unbezahlbar. Aussehen? Unsichtbar.

Manche Geschenke bekommt man oft ganz überraschend. Andere sorgen für Irritationen oder Stirnrunzeln: „Was soll ich damit anfangen?", „Was will mir die Person mit diesem Geschenk sagen?". Und es gibt sogar Geschenke, die man am liebsten gleich wieder umtauschen würde. Auch die Geschenke, die du bei der Firmung erhältst – sie werden als die „7 Gaben des Heiligen Geistes" bezeichnet –, scheinen auf den ersten Blick alles andere als prickelnd zu sein: Frömmigkeit? Gottesfurcht? Verstand? Weisheit? Stärke? Wissen? Ratschlag? Wofür soll denn das gut sein? Wenn du aber genauer hinsiehst, wirst du erkennen: Dieses Geschenk ist so wie ein Feuerwerk – ein Feuerwerk mit vielen Farben; ein Feuerwerk, das nie verbrennt und für immer am Himmel zu sehen ist.

Mit diesem Buch zeige ich dir, was sich hinter den „sperrigen" Begriffen verbirgt und warum die Firmung unser Leben mehr als nur für einen Tag verändert. Sie lässt die Funken fliegen und entzündet die 7 Gaben des Heiligen Geistes.

ICH WÜNSCHE DIR ZUR FIRMUNG:

ein rauschendes Fest,
lass die Funken fliegen
mit deiner Familie und vielen Freunden,
freu dich über den Heiligen Geist,
und lass dir gratulieren zu sieben besonderen „Apps",
die er installiert in deinem Kopf, in deinem Herzen
und in deiner Seele.

Stephan Sigg

WIE „WENDET" MAN DIE 7 GABEN DES HEILIGEN GEISTES AN?

Die Firmung ist ein großes Ereignis. Trotzdem ist sie keine „Zaubershow", die dein Leben komplett verändert, sondern so etwas wie ein Startschuss für dein Leben. Du entscheidest dich bewusst für ein Leben mit Gott und seinem Geist. Das bedeutet nicht, dass du schon eine Antwort auf alle wichtigen Lebensfragen gefunden haben musst oder ab sofort keine Kritik mehr äußern darfst. Bei der Firmung bitten wir Gott, dir die 7 Gaben des Heiligen Geistes zu schenken. Diese Gaben sollen dich unterstützen, deinen Weg zu finden und alle Herausforderungen, die das Leben mit sich bringt, zu meistern. Du bist jetzt kein Kind mehr, dem alle Entscheidungen abgenommen werden – jetzt bist du gefragt: Du darfst selber bestimmen, was du aus deinem Leben machen möchtest. Das kann manchmal eine ziemliche Herausforderung sein! Die 7 Gaben des Heiligen Geistes sind natürlich nicht einfach ein Geschenk, das man in die Ecke stellen kann und alle paar Monate wieder mal abstaubt. Die 7 Gaben sind auch eine Aufgabe. Mit der Firmung sagst du Ja zu Gott und der Gemeinschaft der Kirche.

Mit diesem Buch findest du heraus, wie du die 7 Gaben anwenden und warum du mit ihnen aus deinem Leben etwas ganz Besonderes machen kannst. Du darfst darauf vertrauen, dass der Heilige Geist in deinem Leben wirkt: Keiner von uns ist in allem ein „Supertalent". Wenn uns etwas mal schwerfällt oder wir befürchten, es nicht zu schaffen, dürfen wir den Heiligen Geist um Hilfe bitten. Er wirkt in unserem Leben auf ganz verschiedene Arten. Seine 7 Gaben zeigen dir, wo und wie der Heilige Geist wirksam wird und wie er uns „Rückenwind" gibt.

BITTE MERKEN: ICH BIN EIN FEUERWERK!

„Du bist ein Feuerwerk!", singt Katy Perry in ihrem Popsong „Firework". Du kannst die Welt farbiger und heller machen. Am Schluss des Videoclips zu „Firework" sind viele Jugendliche und Erwachsene zu sehen, wie jeder Einzelne von ihnen auf einem großen Platz Feuerwerkskörper in den Himmel steigen lässt. Die dunkle Nacht wird auf einmal hell und bunt. Dein Auftrag: Die Funken fliegen lassen!

DU BIST EIN FEUERWERK!

WEIS

—WEISHEIT—
KAPITEL 1

1

WER HAT WEISHEIT? EIN MENSCH MIT EINEM WEITEN HORIZONT? DER SICH AUF ÜBERMORGEN FREUT?
DER MIT DEM HERZEN DENKT? DER GEGEN DEN STROM SCHWIMMT? WARUM LEBT ES SICH BESSER MIT WEISHEIT? WENIGER STRESS. MEHR GELASSENHEIT. WENIGER SCHLAFLOSE NÄCHTE. EIN KREATIVERES LEBEN. NIE AUSSER ATEM SEIN.

MAL GANZ EHRLICH, WELCHE KLAMOTTEN TRÄGST DU HEUTE?

Welches Oberteil, welche Hose oder welchen Rock hast du dir heute Morgen angezogen? Und was hat dich bei dieser Entscheidung beeinflusst? Hast du dich an den aktuellen Temperaturen oder deinen heutigen Plänen orientiert? Vielleicht war es auch eine ganz spontane Entscheidung – das T-Shirt, das dir gerade ins Auge sprang oder auf das du gerade Lust hattest. Für viele Menschen gilt in Sachen Kleidung nur ein Kriterium: die aktuelle Mode. Sie ziehen sich bestimmte T-Shirts, Jeans oder Leggins an, nur weil gerade irgendwelche Prominente so rumlaufen oder weil die Werbung im Fernsehen, auf Plakaten und in Zeitschriften diese Modetrends gerade als total „hip" bezeichnet. Sich von der Reklame beeinflussen lassen? Aber ich doch nicht! Vielleicht schüttelst auch du jetzt den Kopf. Würde man eine Straßenumfrage machen, würde man wohl von fast allen dieselbe Antwort bekommen: „Werbung? Hat null Einfluss auf mein Leben!" Und wahrscheinlich könnte sich niemand so genau erinnern, wann eine Werbung das letzte Mal seine Entscheidungen und sein Handeln beeinflusst hat. Doch wenn wir die Gesellschaft genauer beobachten, sieht es doch ganz anders aus: Fast schon erschreckend, was Menschen alles tun, nur weil es die Mehrheit tut, weil es ihnen die Mode vorschreibt oder weil es Freunde machen und man das Gefühl hat, es auch tun zu müssen, um dazuzugehören oder cool zu sein. Und das betrifft nicht nur die Mode: Auch bei der Musik, der Ernährung, beim Fernsehprogramm oder den Freizeitaktivitäten dominiert oft der „Mainstream" – die Mehrheit tut es und deshalb tun es fast alle. Hingegen Menschen mit Weisheit – die tun dies nicht. „Was soll das jetzt mit Weisheit zu tun haben?", fragst du dich jetzt vielleicht.

BITTE KEINE KLUGSCHEISSER!

Beim Stichwort Weisheit fällt den meisten etwas ganz anderes ein: ein alter, weißhaariger Mann, der zu ganz besonderen Erkenntnissen gelangt ist oder nur schlaue Dinge von sich gibt; ein Genie, das mit bahnbrechenden Erfindungen brilliert. Doch Weisheit muss nicht zwingend mit Alter oder Intelligenz zu tun haben. Weise kann jeder Mensch werden – auch wer noch nicht mal zwanzig ist. Denn bei Weisheit geht es nicht darum, in etwas besonders gut zu sein oder sich von anderen Menschen abzuheben. Man kann noch so viele Bücher gewälzt oder sich mit noch so viel Wissen den Kopf vollgestopft haben und trotzdem nicht weise sein. Im Gegenteil: Weise ist gerade der Mensch, der weiß, dass er nicht alles weiß und nicht alles kann. Wenn weise Menschen mit etwas brillieren, dann mit Bescheidenheit. Sie wissen, wo ihre Grenzen sind. Unser Leben ist endlich, unser Wissen – selbst, wenn wir noch so intelligent und erfahren sind – ist begrenzt. Wir sind ein Geschöpf Gottes, aber wir sind nicht größer als er. Damit unterscheiden sich weise Menschen ganz klar von sogenannten Klugscheißern. Gibt es etwas Schlimmeres als Leute, die auf alles eine Antwort haben und einem das Gefühl geben, überall der Beste zu sein? Selbstüberschätzung ist für Mitmenschen nervig und irgendwie ist es auch arrogant. Denn wer überzeugt ist, alles zu wissen, überschätzt sich gewaltig. Und es ist meistens nur eine Frage der Zeit, bis „Klugscheißer" von ihrem hohen Ross stürzen.

Weisheit ist eine Art Lifestyle – ein Lebenskonzept. Wer sich entscheidet, mit Weisheit durchs Leben zu gehen, lebt anders. Zur Bescheidenheit eines weisen Menschen gehört nämlich noch etwas dazu: das Gefühl für das richtige Maß. Weißt du, was dir guttut? Und wann es zu viel ist? Das richtige Maß zu finden kann eine echte Herausforderung sein und fast jeder von uns wird irgendwann im Leben damit konfrontiert: Da ist man total begeistert von Sport, trainiert rund um die Uhr und merkt gar nicht, dass dies einem nicht mehr guttut. Oder man hat ein großes Ziel im Kopf und büffelt, büffelt und büffelt, bis man am Ende dieser Lernerei vor lauter Bäumen den Wald nicht mehr sieht. Wer weise ist, merkt dies, bevor es zu spät wird. Und er weiß auch: Ich bin nicht der Mittelpunkt auf dieser Welt. Die Welt dreht sich nicht nur um mich. Es gibt noch sechs Milliarden andere Menschen – auch sie haben Wünsche, Träume und Sehnsüchte. Unser Zusammenleben kann nur gelingen, wenn wir bereit zu Kompromissen sind und uns manchmal etwas zurücknehmen und anderen den Vortritt lassen.

OPTIMISTEN EROBERN DIE WELT!

Wer sind die weisen Menschen in unserer heutigen Zeit? Da muss man schon etwas länger suchen. Egal, ob Kind, Jugendlicher, Businessfrau, Manager, Lehrerin oder Bauer – so viele haben einen total engen Horizont und lassen ihr Leben schon vom kleinsten Ereignis komplett erschüttern. Du kennst das selber: Manchmal müssen die Wut, die Enttäuschung und die Trauer einfach raus. Wie bei einer Explosion. Eine schlechte Note, ein dummer Streit und man verliert total die Nerven, man hat das Gefühl, alles macht keinen Sinn und es gibt keine Hoffnung mehr. Jetzt ist alles vorbei. Wenn einem weisen Menschen etwas Negatives passiert, erschüttert ihn das natürlich genauso, aber er verhält sich trotzdem anders. Anstatt gleich zu reagieren, zur Tat zu schreiten oder sich total runterziehen zu lassen, atmet er zunächst einmal tief durch oder schläft eine Nacht darüber. Denn er weiß: Die Welt kann am nächsten Tag schon ganz anders aussehen. Unglücksropheten gibt es heute viel zu viele. Menschen, die schon bei einer kleinen Wolke am Himmel die Stirn in Falten legen und mit dem schlimmsten Gewitter rechnen. Weise Menschen leben optimistisch. „So etwas von naiv!", könnte man jetzt einwenden, „die machen es sich aber auch ziemlich einfach." Weisheit hat mit Naivität gar nichts zu tun. Weise Menschen blenden die Probleme und das Negative nicht aus, sie nehmen sie ernst, aber lassen sich nicht von ihnen runterziehen. Was passiert, wenn man in Panik gerät? Man beginnt, kopflos zu rennen und bringt sich meistens erst recht in Gefahr. Ein Tipp von einem weisen Menschen: „Zuerst überlegen, dann handeln!" Wer aus Hysterie oder in einer

Kurzschlussreaktion etwas tut, reitet sich meistens erst recht in ein Problem rein. Vielleicht könnte man den Lifestyle „Leben mit Weisheit" noch mit einem anderen Motto ganz gut umschreiben:

NIEMALS DIE GEDULD VERLIEREN!

Du willst alles immer am liebsten sofort, auf der Stelle, bloß keine Sekunde warten? Große Träume brauchen manchmal Zeit. Viele Dinge geschehen erst übermorgen. Wer mit Weisheit lebt, kommt mit dem Warten klar. Auch wenn ein ganz großer Wunsch nicht sofort in Erfüllung geht oder sich etwas nicht schon am nächsten Morgen wieder zum Guten gewendet hat, verzweifelt man nicht oder wirft alle Hoffnung über Bord.

Weisheit ist eine Gabe des Heiligen Geistes. Wer sich firmen lässt, vertraut darauf, dass der Heilige Geist uns dabei hilft, dieses besondere „Talent" zu trainieren und im Alltag immer mehr zur Entfaltung zu bringen. Denn was die Zukunft betrifft, steht fest: Unsere Welt braucht mehr weise Menschen – die Welt braucht dich! Egal ob Gesellschaft, das Zusammenleben, der Umgang mit der Natur, die Bedingungen in der Wirtschaft – jeder Mensch mit Weisheit zählt!

Bist du bereit für ein kleines Experiment? Schließ deine Augen und stell dir Folgendes vor: Wie wäre eine Welt, in der es vor Menschen mit Weisheit nur so wimmelt? Wie wäre der Alltag in deinem Dorf, in deiner Stadt, in deinem Land?

- Mobbing kennt man nur noch aus dem Museum, da sich niemand mehr über andere aufspielen muss.
- Kriege enden, bevor sie beginnen, denn alle haben schon am Tisch gemeinsam einen Kompromiss gefunden.
- kreative Vielfalt statt Einheitsbrei: im Stadtbus ein Mix aus den verschiedensten Kleidungsstücken, alle möglichen Farben, Materialien und Stoffe. Moderatgeber? Liest niemand mehr.
- Zornausbrüche? Ein Fremdwort, von dem Schüler zum ersten Mal im Geschichtsunterricht mitbekommen.
- keine Unglücksnachrichten mehr im Fernsehen: Die Nachrichten senden nur noch positive Meldungen, die zeigen, was auf unserer Welt Gutes passiert.

ACHTUNG, GANZ PERSÖNLICH!

Zum Schluss noch eine ganz persönliche Frage: Wie schnell lässt du dich ablenken? Wie schnell lässt du dich zu etwas überreden, das dir eigentlich total gegen den Strich geht und deinen Prinzipien komplett widerspricht? Oft ist es ja gerade so: Da hat man sich endlich etwas vorgenommen und plötzlich stellen sich einem hundert Hindernisse in den Weg. Und von überall sind Stimmen zu hören, die einem einreden wollen, dass es auch ganz anders geht. „Warum tust du dir das an? Der Aufwand ist viel zu groß!", „Glaubst du wirklich, dass das was bringt?", „Du bist doch naiv: Das führt zu nichts!" Weise Menschen lassen sich nicht von ihrem Weg abbringen. Sie haben ihre Ziele fest im Blick und selbst, wenn sie bei einer Abzweigung etwas vom Weg abbringen möchte, kann sie das nicht aufhalten.

„Als der Pfingsttag gekommen war, befanden sich alle am gleichen Ort. Da kam plötzlich vom Himmel her ein Brausen, wie wenn ein heftiger Sturm daherfährt, und er erfüllte das ganze Haus, in dem sie waren."

Apostelgeschichte 2,1–2

ANLEITUNG: SO WERDE ICH WEISE!

Wie kannst du den Heiligen Geist sehen und hören? Der Heilige Geist setzt sich nicht via App mit uns in Kontakt, er ist nicht im Radio zu hören, er schickt uns keine E-Mails und er wartet auch nicht auf einer Homepage. Selten tritt der Heilige Geist so gewaltig und sichtbar in Erscheinung wie damals bei den Jüngern. Damit man ihn hören kann, braucht es vor allem eines: Aufmerksamkeit. Oft genügt es schon, mal ganz genau auf sich selber zu hören: Was will mir mein Herz sagen? Was will ich wirklich? Was macht mir Freude? Was macht mich glücklich – und zwar nicht nur eine Stunde lang, sondern für immer? Wo will ich hin? Was sind meine großen Ziele? Dazu begibt man sich am besten an einen stillen Ort – in die Kirche, in den Wald, einen Garten oder einen Park.

WEISHEIT

GESUCHT: GEGEN-DEN-STROM-SCHWIMMER

Ein Fähnchen im Wind sein – kein attraktives Lebensziel! Menschen, die sich durch Weisheit auszeichnen, stehen zu ihrer Meinung und ihren Entscheidungen und passen die nicht ständig der aktuellen Mode und Trends an. Weise Menschen sind oft „Gegen-den-Strom-Schwimmer". Einverstanden: Ein weiser Mensch zu sein ist manchmal etwas anstrengend. Man erntet schräge Blicke und kritische Fragen. Vielleicht muss man sich sogar erklären oder rechtfertigen. Und nicht bei allen sammelt man mit seinen Haltungen und Einstellungen Pluspunkte. Aber es ist ähnlich wie beim Sport: Training macht den Meister. Wer lernt, auf sich zu hören und zu seiner eigenen Meinung zu stehen, dem fällt es mit der Zeit auch immer leichter.

Schenk mir Durchblick
und ein Herz, das laut klopft,
damit ich nie vergesse, darauf zu hören.
Selbst dann, wenn von allen Seiten 100 Stimmen auf mich einbrüllen
oder mein Fernseher mir weismachen möchte: Das musst du tun!
Hilf mir, auf meinen Weg zu vertrauen!

◇

Ich will: gegen den Strom schwimmen.

Ich will: zu meiner Meinung stehen.

Ich will: Mut haben, einen ganz eigenen Weg zu gehen.

Herr, hilfst du mir dabei?

◇

◇

Lass immer wieder den Funken springen
direkt in mein Herz
in meine Seele.

Entfach in mir die Freude, die Begeisterung
täglich, 24 Stunden am Tag!

FRÖMM

IGKEIT

—FRÖMMIGKEIT—
KAPITEL 2

2

WIE ANSTECKEND IST FROMMSEIN? HÄNGT WOHL DAVON AB, IN WELCHER FORM ES UNS BEGEGNET: JEMAND, DER OPTIMISTISCH UND VOLLER GOTTVERTRAUEN DURCHS LEBEN GEHT – IST SEHR ANSTECKEND!

BITTE ANKREUZEN!
Fromm ist ...

- ☐ wer jeden Sonntag den Gottesdienst besucht
- ☐ jeden Abend betet
- ☐ den anderen die Tür aufhält
- ☐ ständig über den Glauben erzählt
- ☐ sein wahres Gesicht zeigt
- ☐ klammheimlich Gutes bewirkt

BIST DU AUCH EINER, DER DAVON TRÄUMT, IN DEN MUSIKCHARTS ZU LANDEN?

Obwohl sich deine Stimme anhört wie ein Reibeisen? Kein Problem: Auch wer nicht singen kann, kann heute ein erfolgreicher Sänger werden. Es gibt in den Studios unheimlich viele technische Möglichkeiten, eine schlechte Stimme so zu bearbeiten, dass sie sich am Schluss total genial anhört und viele beeindruckt seufzen: „Wow! Die hat es echt drauf!" Dass in der Musikindustrie einiges getrickst wird, weiß natürlich jeder. Schon vor einigen Jahrzehnten gab es die ersten Skandale, als bei irgendwelchen Popstars irgendwann ans Licht kam, dass sie eigentlich gar nicht singen können. Dank Playback gaben sie sich als Supergesangstalente aus, ohne es wirklich zu sein. Auch sonst steht das Musik- und Showbusiness immer unter Verdacht. „Mehr Schein als Sein!", lautet die Kritik. Es gibt Promis, die sich für etwas ausgeben oder sich als etwas darstellen, das sie gar nicht sind: die Schauspielerin, die immer total lächelt und zu allen freundlich ist, aber sobald die Kamera aus ist, sich als Oberzicke entpuppt. Der Sportler, der sich immer wieder bei Charity-Aktionen ablichten lässt und bekundet, wie wichtig das Engagement für andere ist – und dabei tut er es nur, weil er dafür bezahlt wird. Doch dann gibt es auch das Andere: Promis, die so sind, wie sie sind. Menschen, die einen beeindrucken, weil sie „echt" sind. Menschen, die sich nicht verstellen. Menschen, bei denen man – vielleicht auch erst nach Jahren – fest davon überzeugt ist, dass sie es ernst meinen mit ihren Aussagen oder ihrem Engagement. Manchmal sind es vor allem diejenigen, die ihr Engagement für eine Sache oder andere Menschen gar nicht an die große Glocke hängen und nur im Verborgenen Gutes tun.

FLOSKEL-HELDEN

Schein und Sein – natürlich betrifft das nicht nur Promis. Ein kleines Experiment: „Wie geht es dir?" – wie oft hast du in den letzten Tagen anderen diese Frage gestellt? Wie oft hast du sie in den letzten Tagen beantwortet? „Alles okay", „Ganz in Ordnung" oder „Gut". So alltäglich ist die Frage, dass sie von den meisten als Floskel gebraucht wird, ohne dass wir wirklich neugierig auf die Antwort sind. „Ich bin immer für dich da!", verspricht sie in der SMS. Und er sagt zu seiner Kollegin: „Oh du Ärmste, das tut mir ja so leid!" Ganz normale Sätze aus unserem Alltag. Bestimmt hast du das so oder ähnlich auch schon gehört. Und dann hast du wirklich mal Mist gebaut oder dir ist etwas ganz Schlimmes passiert. Wer hat dir dann geholfen? Wenn es ernst wird, sieht meistens immer alles ganz anders aus: Da verstummen jene, die total viele Versprechungen gemacht haben, lassen sich nicht blicken oder beantworten sogar keine SMS mehr. In solchen Momenten wird bewusst: Hier war mehr Schein als Sein. Viel Gerede und nichts dahinter.

Manche Menschen sagen, dieses Phänomen sei heute besonders verbreitet: Durch die große Hektik und die vielen Aufgaben, die jeder im Alltag zu bewältigen hat, würden die Menschen immer oberflächlicher. Viele schaffen es gar nicht mehr, sich für andere Zeit zu nehmen oder miteinander ein „richtiges" Gespräch zu führen. Zwar wird bei Facebook und Co. ständig miteinander und über alles Mögliche gesprochen, doch meistens bleibt alles an der Oberfläche, so lautet der Vorwurf. Erlebst du das auch so? Wie würdest du beim „Oberflächlichkeiten-Test" abschneiden? Spitzenreiter oder Mittelmaß? Es gibt nichts Nervigeres, als mit oberflächlichen Menschen zusammen zu sein: Da erzählt man etwas und merkt, der andere hört gar nicht richtig zu, ist in Gedanken ganz woanders. Doch wie gehen wir mit anderen um? Nehmen wir uns Zeit, wenn andere uns etwas Wichtiges zu erzählen haben, hören genau hin und versuchen, ihnen zu helfen? Kümmern wir uns auch um Freunde, die wir nicht so oft sehen, und erkundigen uns mal mit einer Kurznachricht oder einem Anruf, wie es ihm gerade geht und womit sie gerade beschäftigt ist?

GESUCHT: „MISS SCHEINHEILIG"!

Bei vielen Menschen, in allen Alltagsbereichen besteht oft zwischen dem „Sichtbaren" und dem „Unsichtbaren" ein großer Unterschied. Manchmal steht da vielleicht nicht einmal eine böse Absicht dahinter. Vielleicht hast auch du schon mal etwas versprochen oder bei einer anderen Person große Erwartungen ausgelöst – und es dann doch nicht gehalten. Manchmal macht man sich ja nicht nur anderen, sondern auch sich selber etwas vor: „Ich würde nie …" oder „Ich bin anders …", sagt man laut und will sich selber dadurch versichern, besser, zuverlässiger oder aufrichtiger zu sein. Solche Verhaltensweisen machen auch nicht vor dem Glauben Halt. Manche Menschen besuchen jeden Sonntag den Gottesdienst, beten bei jeder Gelegenheit, leben ihre Spiritualität ganz intensiv, aber dann sind sie die Ersten, die andere kritisieren, über andere sich den Mund zerreißen oder sie sogar verurteilen. Sind diese Menschen wirklich fromm? Eine Frage, die sich schon Jesus gestellt hat. Er hat Zeitgenossen kritisiert, die sich zwar „oberfromm" verhielten, sich dann aber doch als ziemlich „scheinheilig" entpuppten. Jesus waren diese „Miss Scheinheilig" und „Mister Tut-nur-so" ein Dorn im Auge. Er hat den Menschen immer wieder klargemacht: Fromm zu sein bedeutet viel mehr, als ständig zu beten!

Die Gabe der „Frömmigkeit" soll nicht „fromme" Menschen aus uns machen, damit wir ständig in der Kirche sitzen, von früh bis spät Gebete sprechen, nur noch die Bibel lesen und permanent andere mit frommen Slogans konfrontieren. Diese Gabe will uns dabei helfen, nach Gottes Geist zu leben. Denn wirklich fromm ist, wer im Alltag „fromm" handelt: im Bus, in der Schule, im Supermarkt oder auf dem Sportplatz. Ein Mensch, der wirklich fromm ist, weiß, dass ihm Gott überall begegnet und dass Gott keine „scheinheiligen", sondern „echte" Menschen will. Das kennen wir selber: Es gibt nichts Schlimmeres als einen Menschen, der einem etwas vormacht. Gibt sich als bester Freund aus und kaum ist man aus dem Zimmer, zerreißt er sich mit anderen über einen den Mund.

„Fromme" Menschen sind überzeugt von ihrem Glauben und Gott und können auch dazu stehen. Das heißt nicht, dass wir in der Fußgängerzone einen Stand aufstellen und andere Menschen bekehren sollen. Denn wer wirklich ein frommes Leben führt, der muss das nicht ständig anderen unter die Nase reiben, denn eigentlich zeigt schon seine ganze Lebenseinstellung, so wie er mit anderen Menschen umgeht, welche Ziele er verfolgt, für wen oder was er sich engagiert, nach welchem Geist er lebt. Wer fromm ist, weiß selber, dass auch er nicht perfekt oder besser als die anderen ist. Deshalb steht es ihm auch vollkommen fern, andere zu verurteilen.

SCHNELLTEST: BIN ICH FROMM?

Ab wann ist ein Mensch fromm? Wenn er seinen Glauben lebt! Zum Glück gibt es in der Apotheke keinen „Schnelltester", mit dem man seinen eigenen Frömmigkeitsstatus testen könnte. Fromm sein ist eine Lebenseinstellung und kein Wettbewerb. Es gibt kein Richtig oder Falsch, kein „zu viel" oder „zu wenig". Es gibt viele verschiedene Möglichkeiten, im Alltag als „Frommer" zu wirken, für jeden bedeutet es etwas anderes: Es gibt Menschen, die reisen in Kriegs- oder Krisengebiete, um dort Notleidenden zu helfen. Es gibt Menschen, die gründen Hilfswerke, um die Armut der Welt zu beseitigen. Und es gibt Menschen, die helfen – ganz unspektakulär – Nachbarn, denen es nicht so gut geht, oder sie beten für jemanden, der gerade eine schwierige Zeit durchmacht. Alle Menschen, die solche Dinge aus „frommen" Motiven tun, haben aber etwas gemeinsam: Sie nehmen sich trotz ihres Engagements Zeit für sich und Gott. Zum Beispiel finden sie im Gebet neue Kraft, der Glaube ist für sie so etwas wie ein „Airbag", wenn es in ihrem Alltag mal brenzlig oder belastend wird. Fromme Menschen nehmen sich selber nicht so wichtig, denken nicht nur an sich und können zu ihren Fehlern und Schwächen stehen und müssen sie nicht vertuschen. Ein Mensch, der wirklich fromm ist, bei dem ist Glauben und Leben identisch.

„… Einige meinen, Frömmigkeit bedeute, die Augen zu schließen, ein Gesicht aufzusetzen wie auf einem Heiligenbild, so zu tun, als sei man wie ein Heiliger. Auf Piemontesisch sagen wir „fare la mugna quacia" [sich scheinheilig geben]. Das ist nicht die Gabe der Frömmigkeit. Die Gabe der Frömmigkeit bedeutet, wirklich fähig zu sein, sich mit den Frohen zu freuen, mit den Weinenden zu weinen, denen nahe zu sein, die allein oder betrübt sind, die Irrenden zurechtzuweisen, die Trauernden zu trösten, die Notleidenden anzunehmen und ihnen zu helfen. Es besteht eine sehr enge Beziehung zwischen der Gabe der Frömmigkeit und der Sanftmut.
Die Gabe der Frömmigkeit, die uns der Heilige Geist schenkt, macht uns sanftmütig, macht uns ruhig, geduldig, lässt uns im Frieden sein mit Gott, im Dienst der anderen mit Sanftmut."

Papst Franziskus bei der Generalaudienz am 4. Juni 2014

CRASHKURS: FROMM WERDEN IN 7 TAGEN!

TAG 1: Den heutigen Tag mal ganz bewusst mit einem Gebet beenden: Wofür möchte ich Gott heute danken?

TAG 2: Bei wem habe ich mich schon lange nicht mehr gemeldet? Von wem habe ich schon länger nichts mehr gehört? Gleich nach der Schule mit ihr/ihm Kontakt aufnehmen!

TAG 3: Spaziergang im Wald: Was will Gott von mir? Wie kann ich einen positiven Beitrag für unsere Welt leisten?

TAG 4: Vorsatz für heute: jedem Menschen mit einem Lächeln begegnen (selbst, wenn ich jemanden mit Regenwetter-Gesicht entdecke!)

TAG 5: 30 Minuten Alltagspause in der leeren Kirche: auf die Stille achten. Wie geht es mir? Was macht mich glücklich? Was macht mich traurig?

TAG 6: Schokoladenkuchen backen und Frau Schneider im Haus nebenan vorbeibringen, mit ihr Kaffee trinken (die 90-Jährige ist so oft allein …)

TAG 7: Bei Facebook & Co motivieren: die Meldungen und Bilder meiner Freundinnen ganz genau anschauen und einen aufmunternden Kommentar posten, wenn jemand gerade etwas Negatives oder Kritisches gepostet hat.

Gib mir das Talent, zu erkennen,

wenn jemand eine Schulter zum Anlehnen braucht,

zu spüren, wenn jemand mehr braucht

als nur eine Aufmunterungs-SMS voller Smileys.

Gib mir das Talent, zu hören, wenn sich hinter dem coolen „Geht so!"

in Wahrheit ein verzweifeltes „Ich bin total am Ende!" verbirgt.

◇   ◇

◇

Stell Menschen an meine Seite,
die es ehrlich meinen mit mir,
die nicht hinter meinem Rücken
das Gesicht verziehen,
sich im Chat über mich lustig machen,
einen auf beste Freundin machen
und mich dann doch aus der Leitung werfen,
weil im TV gerade eine wichtige Sendung beginnt.

◇

GOTTES

FURCHT

—GOTTESFURCHT—
KAPITEL 3

#GOTTESFURCHT = #RESPEKT?!

„WER RESPEKT VOR GOTT HAT, TRENNT DEN MÜLL UND VERZICHTET AUF HÜHNER IN KÄFIGHALTUNG." „WENN ALLE GOTT ERNST NEHMEN, ERTRINKT KEIN FLÜCHTLING MEHR." „NÖRGELN KANN NUR, WER GOTT VERGESSEN HAT."

Wie wäre unsere Welt, wenn überall der Respekt
den Ton angeben würde?
Die Stoppuhr läuft ab jetzt: 60 Sekunden, 59 Sekunden ...

SORRY, ABER ICH MUSS DIR JETZT EIN PAAR GANZ DIREKTE FRAGEN STELLEN:

Wie oft hast du in den letzten Wochen Lebensmittel weggeworfen (weil sie abgelaufen waren oder weil dir die Joghurtsorte doch nicht geschmeckt hat)? Gehörst du auch zu denen, die morgens am liebsten stundenlang unter der Dusche stehen und Liter um Liter klares Wasser verprassen? Hast du auch die Macke, den Computer und andere elektronische Geräte nonstop laufen zu lassen, selbst wenn du nicht in deinem Zimmer oder sogar außer Haus bist?

„160 bis 200 Liter Wasser!", stand kürzlich in der Zeitung, verbraucht jeder Mensch in Österreich, Deutschland und der Schweiz, und das an einem einzigen Tag! Und das Absurde: Der größte Teil davon geht für Duschen und Baden sowie Wäschewaschen und die Toilettenspülung drauf. „100 Kilo Brot werden jeden Tag weggeworfen", war gerade im Radio zu hören, „weil es nicht mehr ganz frisch war". Ganz konkret sieht das so aus: Tag für Tag wird in Wien gleich viel Brot entsorgt, wie Graz verbraucht. Zwischen 95 und 115 Kilogramm Lebensmittel wirft jeder Europäer jedes Jahr in den Abfall. Lebensmittel werden vernichtet – während anderswo tagtäglich Menschen verhungern. Auch direkt vor unserer Haustür gibt es Obdachlose, denen alles fehlt. Eine unheimliche

Verschwendung, eigentlich total verrückt und gleichzeitig einfach nur respektlos. Manche Menschen und Organisationen sind schon fast heiser, weil sie schon seit Jahren brüllen: „Passt mehr auf die Umwelt auf! Achtet auf die Natur! Geht verantwortungsvoller mit den Ressourcen um!" Und trotzdem: Noch immer wird die Natur verschmutzt, die Luft verpestet, Abgase freigesetzt, die Müllberge wachsen unaufhörlich weiter in die Höhe.

BITTE MIT VORSICHT BEHANDELN!

Unser Planet, unsere Natur wurde von Gott erschaffen. Er hat uns Menschen den Auftrag gegeben, Verantwortung zu übernehmen: für jede Wiese, für jeden Baum, für jedes Tier auf dem Boden, in der Luft und im Wasser. Doch viel zu oft vergessen wir, auf seine Schöpfung zu achten und ihr mit Respekt zu begegnen. Regenwälder werden abgeholzt, Meere verschmutzt und manche Tiere verbringen ihr ganzes Leben im Käfig, weil wir so möglichst günstig Fleisch für unseren Teller produzieren können – ob es dem Huhn, dem Rind oder dem Schwein gut geht und es glücklich ist, spielt da kaum eine Rolle. Die Gabe der Gottesfurcht erinnert uns daran, dass hier etwas falsch läuft. Unsere Welt ist kein Geschenk, das uns alleine gehört – wir teilen es mit den Menschen, die nach uns kommen. Wenn wir das Wasser maßlos verschwenden, alle Bodenschätze restlos verbrauchen und die Luft so sehr verpesten, dass sich die Erdatmosphäre auflöst, dann zerstören wir die Welt von unseren Kindern und Enkelkindern.

Aber will Gott wirklich, dass wir uns wieder mehr vor ihm fürchten – so wie früher? Da haben die Menschen bei jedem Unwetter und jeder Naturkatastrophe gezittert und waren überzeugt, dass dies eine Strafe Gottes ist, der sich damit an den Menschen rächen will. Gott will nicht, dass wir Angst vor ihm haben. Jesus hat den Menschen mit vielen Beispielen vermittelt, dass Gott wie ein Vater für uns ist und wir uns mit allen unseren Anliegen an ihn wenden dürfen. Er verzeiht und gibt uns immer wieder eine neue Chance. Wir brauchen Gott nicht zu fürchten wie jemanden, der schon bei einem falschen Wort lospoltert oder vor dem wir uns nur im Flüsterton unterhalten dürfen und seinen Launen völlig ausgeliefert sind. Doch Gott hat den Menschen auch gezeigt, dass es Grundregeln gibt, an die sich jeder zu halten hat, damit unser tägliches Zusammenleben gelingt. Die bekanntesten Regeln sind die 10 Gebote. Hier werden alle wichtigen Themen zusammengefasst.

SIND WIR BALD SELBER GOTT?

Vielleicht könnte man das Wort „Gottesfurcht", das viele von uns mit Angst verbinden, in der heutigen Zeit so formulieren: Hab Respekt vor Gott, seinen Geboten, seiner Schöpfung und seinen Geschöpfen! Noch etwas einfacher formuliert könnte das auch heißen: Hab Respekt vor dem Leben! Denn jedes Lebewesen ist ein Geschenk Gottes. Auch du bist ein Unikat, ein Wunder, perfekt, so wie du bist, erschaffen von Gott höchstpersönlich. Etwas, das heute viel zu oft vergessen wird. So viele Menschen rennen heute zum Schönheitschirurgen und wollen „verbessert" werden: Die Nase soll korrigiert, Lippen aufgespritzt und Fett abgesaugt werden. Manche gehen sogar so weit, dass sie ihre Augenfarbe ändern wollen. Wer das tut, ist unzufrieden mit sich und will selber ein bisschen „Schöpfer spielen". Ähnliche Projekte gibt es in der Landwirtschaft: Da wird zum Beispiel mit wissenschaftlichen Methoden die Natur so manipuliert, dass manche Pflanzen schneller wachsen und man mehr Gewinn damit macht. Diese Menschen haben sich nichts anderes zum Ziel gesetzt als Gottes Schöpfung zu „optimieren". Natürlich heißt das nicht, dass es grundsätzlich schlecht ist, die medizinischen und wissenschaftlichen Erkenntnisse zu nutzen und damit die Lebensbedingungen für uns Menschen zu verbessern. Problematisch wird es aber, wenn wir aus der Überzeugung handeln, an Gottes Stelle treten zu können.

KEIN MENSCH IST ILLEGAL!

Tausende Flüchtlinge sind im Mittelmeer ertrunken – und das nur in einem Jahr! Allein im September 2014 sind innerhalb weniger Tage 700 Menschen vor der Insel Malta ums Leben gekommen. Sie versuchten, mit dem Schiff vor Krieg und Gewalt in ihrer Heimat zu fliehen und illegal nach Europa zu kommen, wo sie sich ein besseres Leben für sich und ihre Kinder erhofft haben. Wem Gott und seine Gebote wichtig sind, kann das nicht egal sein. Warum lässt Europa so etwas zu? Warum unternimmt keiner was? Es ist doch kein Mensch „illegal"!

„Liebe deinen Nächsten wie dich selbst!", hat Jesus zu den Menschen gesagt. Ein so einfaches Motto – und im Alltag dann doch so kompliziert! Respekt vor unseren Mitmenschen ist fast eine Selbstverständlichkeit. Oder wer kommt schon auf die Idee, respektlos mit seinen Freunden umzugehen? Aber wir brauchen nicht weit zu suchen: Wie ist das zum Beispiel bei Mitschülern, die aus anderen Ländern kommen? Oder bei Mitschülern, die ganz andere Interesse haben, sich anders stylen, den Außenseitern deiner Schule? Und was ist mit den Menschen, denen es nicht so gut geht – Drogenabhängigen oder solchen, die eine Gefängnisstrafe absitzen, weil sie Mist gebaut haben? Wie gehen wir um mit Flüchtlingen? Wir Christen glauben, dass jeder Mensch ein Geschöpf Gottes und gleichzeitig sein Ebenbild ist. Wenn Gott jeden Menschen nach seinem Abbild erschaffen hat, dann begegnet er uns also in jedem Menschen. Wer Respekt vor Gott hat, hat Respekt vor jedem Menschen. Wie kann da noch einer auf die Idee kommen, Obdachlose abzuwimmeln, Flüchtlingen die Grenzen zu sperren oder von seinem Besitz niemandem etwas abzugeben? „Das ist ja schön und gut", wendest du vielleicht jetzt ein, „aber was soll ich denn schon gegen die Politik unternehmen?" Selbstverständlich wird es dir als Einzelner kaum gelingen, die Situation komplett zu verändern. Aber du kannst mit gutem Beispiel vorangehen und andere motivieren, es wie du zu machen. Du kannst protestieren, wenn Menschenrechte verletzt werden oder Flüchtlingen nicht geholfen wird. Liebst du deinen Nächsten wie dich selbst? Es ist nie zu früh, damit anzufangen. Eine ganz einfache Idee: Du kannst Menschen, die nicht gehört werden, eine Stimme geben, indem du im Internet oder in anderen Medien auf ihr Schicksal und ihre Probleme aufmerksam machst.

Den Nächsten zu lieben wie sich selbst, heißt auch die Menschen zu lieben, die wir gar nicht wahrnehmen: Hast du dir zum Beispiel schon einmal überlegt, wie es der Näherin geht, die deine Jeans genäht hat? Im Internet und im Fernsehen wird immer wieder davon berichtet, wie mies die Arbeitsbedingungen in den Textilfabriken in Asien sind. Und es wird auch ständig informiert, wie negativ sich die Kleiderproduktion auf die Umwelt auswirkt (zum Beispiel wird in Asien Baumwolle mit chemischen Methoden angepflanzt und geerntet, die die Natur in diesen Region langfristig zerstören und auch für die Menschen dort ungesund sind). „Gottesfürchtig" zu sein, würde bei diesem Beispiel für uns Konsumenten bedeuten: nur Kleidung bei Firmen kaufen, die sorgsam mit der Umwelt und fair mit ihren Mitarbeitern umgehen. Total unrealistisch? Es gibt mittlerweile einige Firmen, die sich entschieden haben, ihre Produktionsweise zu überdenken. Einige Online-Shops und auch Geschäfte verkaufen diese Kleidungsstücke. Informationen findest du im Internet.

WIE KLINGT DAS ALARMSIGNAL?

Berechtigte Kritik: „Aber wenn uns der Heilige Geist die Gabe der Gottesfurcht verleiht, müsste doch immer ein Alarm losgehen, sobald wir etwas falsch machen?" Gott ist kein Polizist und kein Richter, der bei jedem Vergehen sofort Strafen ausspricht. Die Gabe der Gottesfurcht versetzt uns keine elektrischen Stöße. Sie macht uns auf eine andere Art aufmerksam – der Heilige Geist hilft uns dabei, selber herauszufinden: Jeder, der sich Zeit nimmt, auf sich, auf sein Herz zu hören, spürt sein Gewissen. *War das wirklich richtig? Hätte ich mich anders verhalten sollen? Soll ich es tun oder nicht?* Das Gewissen ist natürlich keine App, die man irgendwann installiert und dann von alleine läuft. Aber das Gewissen kann man „trainieren". Auch du hast es selber in der Hand, ob die Auseinandersetzung mit deinem Gewissen einen festen Platz in deinem Alltag bekommt.

––––

SOMMERPARTY.

Sommerparty. Die ganze Nacht am Baggersee. Feuerwerk glitzert am Himmel, laute Musik aus den Boxen, wir feiern laut. Und im Morgengrauen?

a) … lassen wir alles stehen und liegen. Machen wir uns aus dem Staub!

b) … räumen wir gemeinsam auf. Wir lassen den Platz zurück, wie wir ihn vorgefunden haben. Kein Strohhalm im Gras, keine Chipsverpackung in der Uferböschung, keine Scherben im Kies.

––––

TO-DO-LISTE

◇ Nicht einstimmen, wenn über Fremde gelästert wird
◇ Eingreifen, wenn im Internet jemand bloßgestellt wird
◇ Müll trennen
◇ genau hinhören, wenn mir jemand etwas erzählt, auch wenn ich seine Meinung total schräg finde
◇ bewusster konsumieren: nicht ständig Klamotten kaufen und nach einmaligem Tragen wieder wegwerfen; weniger kaufen und alte Klamotten in die Altkleidersammlung geben!

RESPEKTVOLLER LEBEN

Wer respektvoller leben möchte, muss eigentlich gar nicht unbedingt eine total radikale Lebensveränderung vollziehen. Vielleicht weniger verschwenderisch umgehen mit Wasser & Co – nicht mehr so lange duschen? Müssen alle Geräte ständig Standby laufen? Beim Kleiderkauf bewusst nachdenken – brauche ich das wirklich? Aber man kann sich auch überlegen, wie man, zusammen mit anderen, einen positiven Beitrag leisten kann. Warum sich nicht mal bei den 72-Stunden-Aktionen engagieren, die regelmäßig in Deutschland, Österreich und in der Schweiz durchgeführt werden? Mach dich im Internet auf die Suche: www.72h.ch; www.72h.at; www.72stunden.de
Du bist zu faul dafür? ;-) Selbst Stubenhocker können was tun: z. B. Online-Petitionen unterzeichnen und andere darauf aufmerksam machen!

STOPP #NÖRGELEI!

Keine vorbildliche Eigenschaft: ständig an sich selber oder anderen herumzunörgeln. Bist du auch einer, der immer ein „Haar in der Suppe" entdeckt? Der mit sich selber und anderen nie zufrieden ist? Wer die Nase rümpft über das Aussehen, die (mangelnden) Fähigkeiten oder das Verhalten der Mitmenschen, geht nicht gerade respektvoll mit ihnen um. Und auch wer mit sich selber unzufrieden ist: Wäre ich doch bloß dünner und größer! Hätte ich doch bloß eine kleinere Nase und tiefere Wangenknochen! Hätte ich doch mehr Ideen und würde mich mit Mathe leichter tun! Etwas zu finden, über das man nörgeln kann, ist wohl die einfachste Sache der Welt. Respekt vor Gott zu haben, bedeutet auch, sich über seine Geschöpfe und seine Schöpfung zu freuen – sich über sich selber und die anderen zu freuen, ohne immer gleich die Fehler und Schattenseiten zu sehen. Denn Gott hat uns „mehr als perfekt" erschaffen.

—

Gelobt seist du, mein Herr, durch Bruder Mond und die
Sterne. Am Himmel hast du sie gebildet, hell leuchtend,
kostbar und schön. Gelobt seist du, mein Herr, durch
Bruder Wind und durch Luft und Wolken und heiteren
Himmel und jegliches Wetter, durch welches du deinen
Geschöpfen den Unterhalt gibst.
Gepriesen seist du, mein Herr, durch Schwester Wasser,
gar nützlich ist sie und demütig und rein.
Gepriesen seist du, mein Herr, durch Bruder Feuer,
durch den du die Nacht erleuchtest;
er ist schön und liebenswürdig und kraftvoll und stark.
Gepriesen seist du, mein Herr, durch unsere Schwester,
die Mutter Erde. Sie ernährt und lenkt uns und bringt
vielfältige Früchte hervor und bunte Blumen und Kräuter.

aus dem „Sonnengesang" des heiligen Franz von Assisi

Hilf mir, mich mehr zu lieben
und zu entdecken, wie schön ich bin:
meine Nase, meine Sommersprossen,
meine Haare, und auch den kleinen Zehen,
brauch keinen Beauty-Doc und keine Tricks,
denn du hast mich mehr als perfekt erschaffen.

◇

Pausenlos
Jede Sekunde neu
kann ich entdecken,
wie schön du
unsere Welt
kreiert hast.

◇

STÄ

RKE

—STÄRKE—
KAPITEL 4

UND WAS, WENN MIR ZWEIHUNDERT
METER VOR DEM ZIEL DIE PUSTE
AUSGEHT?
WIRKT DER HEILIGE GEIST WIE
TRAUBENZUCKER?
WIE LASSEN SICH DURSTSTRECKEN
ÜBERSTEHEN?

ICH HAB GELERNT:
- DAS GRAS WÄCHST NICHT SCHNELLER,
  WENN MAN DARAN ZIEHT.
- GROSSE TRÄUME BRAUCHEN ZEIT.
- DAS WICHTIGSTE IST, EINEN LANGEN
  ATEM ZU HABEN!

4

◇ STÄRKE ◇

HALLO, IN WELCHEM FITNESSCENTER KANN ICH „WAHRE STÄRKE" TRAINIEREN?

UND DANN POSTET ER DAS NÄCHSTE SELFIE.

Direkt aus dem Fitnessstudio, die Muskeln frisch gestählt, den Körper aufgepumpt, Schweißperlen auf der Stirn, perfekt in Szene gesetzt – Seht her, ich bin ein Muskelprotz! Alle klicken „Gefällt mir" und schreiben: „Wow!" Ja, sieht toll aus, das lässt sich nicht leugnen. Bei Sonne und bei Regen, Tag und Nacht, quält er sich ab und ist nicht die Ausnahme: So viele junge Leute mühen sich heute in den Fitnessstudios ab, schwitzend, keuchend, stemmen sie Gewichte, rennen Kilometer um Kilometer auf dem Laufband, zählen Sit-ups. Arme, Bauch, Beine und Po … Vielleicht gibt es auch in deinem Freundeskreis solche Leute, die sich bis zum Umfallen abrackern für die perfekte Fitness, den perfekten Body? Viele sind heute felsenfest überzeugt: Muskelkraft ist alles – nur so sieht man sexy aus, nur so ist man attraktiv. Es siegt, wer am meisten leistet – wer am meisten Gewichte stemmt, wer am schnellsten läuft. Aber jetzt mal ganz kritisch gefragt, was bringt mir das fürs Leben?

Auch der Heilige Geist verleiht uns Stärke. Nein, mit Muskelaufbau und Fitnesscenter hat das natürlich überhaupt nichts zu tun. Es geht um etwas ganz anderes:

Am Anfang ist alles ganz einfach: Da hat man sich ein neues Ziel gesetzt und legt volle Kraft los. Tonnen von Energie, kübelweise Ideen, motiviert vom Kopf bis zu den Zehen, alles läuft wie geschmiert. Aber meistens dauert es nicht lange und dann: so viele Hindernisse im Weg, die ersten Ermüdungserscheinungen, die Füße schmerzen, plötzlich schlagen im Kopf die Zweifel Purzelbäume – bringt es das wirklich? Lohnt sich der Aufwand? Geht es nicht auch anders? Wäre es besser, alles hinzuwerfen und mit etwas anderem zu beginnen? Viele Menschen erleben es jeden Januar: Da fasst man sich an Silvester große Vorsätze. Erinnerst du dich noch, welcher es bei dir dieses Jahr war? Gesünder ernähren, mehr Sport machen, respektvoller mit den Geschwistern umgehen. Aber dann, so schnell wie das Feuerwerk an Silvester verpufft, hat man auch schon seinen Vorsatz gebrochen. Wenn das mit dem Durchhaltewillen doch nicht so schwierig wäre! Dann würde einem im Leben vieles leichter fallen:

Schule/Ausbildung: Egal welche Schule du besuchst oder welche Ausbildung du machst, das ist meistens eine langwierige und herausfordernde Zeit. Noch vier Jahre bis zum Abschluss! Noch drei Monate bis zu den großen Ferien! Und jede Klassenarbeit, jede Prüfung liegt wie eine unheimlich hohe Hürde vor einem. Wie soll ich das nur schaffen? Und erst recht, wenn es einen mal ganz bitter erwischt: mehrere Klassenarbeiten hintereinander in den Sand gesteckt. Die Lehrerin droht schon: „Wenn sich da nichts ändert, musst du die Klasse wiederholen." Wer würde da nicht den Kopf in den Sand stecken und am liebsten gleich auf der Stelle alles hinwerfen?

Freundschaft: Ihr kennt euch schon seit dem Kindergarten oder vielleicht auch erst seit dem neuen Schuljahr, ihr versteht euch blind, ihr versteht euch ohne Worte. Aber dann: Die beste Freundin hat auf einmal gar nicht mehr so viel Zeit für dich, der beste Kumpel hat keine Lust, sich momentan mit dir zu treffen. Die SMS bleibt unbeantwortet, der Filmabend wird immer wieder verschoben. So was von daneben! Soll ich die Freundschaft nicht besser gleich beenden? Soll sie doch bleiben, wo der Pfeffer wächst! Hat doch eh keinen Sinn mehr!

Hobbys: So viele Jahre trainierst du schon Woche für Woche, aber irgendwie kommst du nicht vom Fleck. Und jetzt schon wieder bei einem entscheidenden Spiel das Tor verfehlt. Bei jeder Musikstunde fragst du dich: Warum schaff ich diesen Song noch immer nicht ohne Patzer? Was mache ich mir da Hoffnungen auf eine Karriere, wenn es doch hundert andere Bassisten gibt, die das viel besser hinkriegen? Nicht besser gleich alles hinschmeißen?

◇ **Beziehung:** Hast du Mister Right schon gefunden, Miss Perfect bereits entdeckt? Herzlichen Glückwunsch! Aber vielleicht gehörst du auch zu jenen, bei denen das eine unheimlich herzzerreißende Sache ist und die irgendwo mitten auf dem steinigen Weg feststecken: Da verliebt man sich Hals über Kopf – aber die andere will nichts von einem wissen! Da entdeckt man im Internet einen total süßen Typ – aber er ist bereits vergeben! Und dann beginnt man plötzlich zu zweifeln: Gibt es die „Eine", den „Einen" wirklich? Warum ist sie oder er mir noch nicht über den Weg gelaufen? Oder umgekehrt: Da ist man endlich glücklich verliebt, aber nach ein paar Monaten ist plötzlich alles gar nicht mehr so prickelnd wie am Anfang. Ein Missverständnis hier, eine Meinungsverschiedenheit da und dann vergisst der andere sogar meinen Geburtstag! Soll man da nicht besser gleich den Schlussstrich ziehen und sich auf die Suche nach einem anderen machen?

◇ **Glauben:** Du bist überzeugt, dass es Gott gibt, er hat dir schon mehrmals geholfen, da gab es Momente in deinem Leben, in denen du fest gespürt hast: Es gibt ihn und er ist mir nah. Aber dann sind da doch auf einmal Zweifel: Warum hilft er mir nicht gerade jetzt? Warum lässt er diesen Traum nicht in Erfüllung gehen? Warum gibt es so viel Leid auf unserer Welt? Warum lässt Gott das zu? War das alles nur ein Trugschluss – habe ich mir lange Zeit nur eingebildet, dass da oben wirklich jemanden gibt?

Hast du dich in einer dieser Situationen wiedererkannt? Es gibt wohl niemanden, der so etwas noch gar nie erlebt hat. Bei allen fünf Bereichen geht es um ganz verschiedene Dinge. Doch sie haben eine Gemeinsamkeit: Überall ist Durchhaltewillen gefragt. Ein Mensch, der einen „langen Atem" hat, wird nicht den Kopf in den Sand stecken, selbst wenn es in einer Freundschaft oder in einer Beziehung gerade mal kriselt oder die Schulkarriere vorübergehend wie ein großer Scherbenhaufen aussieht. Große Träume brauchen Zeit. Das Gras wächst nicht schneller, wenn man daran zieht. Geduld bringt Rosen. Es gibt Unmengen solcher Sprüche. Viele verdrehen angewidert die Augen, wenn man sie damit konfrontiert. Keine Frage: Solche Sprüche sind Geschmackssache. Vielleicht kannst auch du mit ihnen wenig anfangen. Aber gegen ihre Botschaft lässt sich nichts einwenden. Wer die Hoffnung aufgibt, hat schon verloren. Okay, versprochen, das war jetzt der letzte Spruch von dieser Sorte.

Solche Dinge kommen einem schnell über die Lippen, wenn es einem gut geht, aber was soll man machen, wenn es einem dann mal richtig dreckig geht oder man einfach nur genervt und enttäuscht ist. Der Heilige Geist hilft uns, Durststrecken zu überstehen. Wir dürfen darauf vertrauen, dass er uns die nötige Kraft gibt, herausfordernde Stunden, Tage, Wochen oder Monate zu meistern. Wichtig ist: Gib nicht so schnell auf, gib dich nicht auf! Vertrau auf das, was du dir vorgenommen hast, verlier dein Ziel nicht aus den Augen, auch wenn sich gerade tausende Hindernisse dir in den Weg stellen. Manchmal klappt es nicht gerade beim ersten oder zweiten Mal mit der Liebe. Manchmal braucht es mehrere Anläufe, bis man seinen beruflichen Weg findet. Manchmal muss man es akzeptieren, dass Freunde vorübergehend keine Zeit für einen haben. Aber ein paar Tage oder Wochen später kann es schon wieder ganz anders aussehen. Und wenn man dann in den Rückspiegel blickt, war alles gar nicht so schlimm oder schwer, wie es momentan ausgesehen hat.

KEIN SCHUTZ VOR HERAUSFORDERUNGEN

Wie bequem wäre es, wenn uns das Sakrament der Firmung oder der Heilige Geist vor allen Herausforderungen verschonen würde! Vor Herausforderungen kann er auch dich nicht bewahren. Aber er kann dir helfen, nicht „den Biss" zu verlieren und dich nicht von der ersten Windböe wegwehen zu lassen. Manchmal klappt etwas im Leben erst viel später als erwünscht und vielleicht versteht man dann, warum es so lange gedauert hat … Glaubst du nicht? Dann frag mal erfolgreiche Sportler, Musiker oder Schauspieler. Da gibt es solche, die haben erfolglos bei mehreren Castingshows mitgemacht oder nur in ganz kleinen unbedeutenden Filmen mitgespielt. Da gibt es solche, die haben es erst nach vielen Jahren auf den vordersten Platz bei der Olympiade geschafft. Hätten sie bei der ersten Niederlage aufgegeben, hätten sie die heutigen Erfolge nie erlebt. Was sind die Konsequenzen dieser Haltung? Glaub an deine Träume, auch wenn sie noch so absurd erscheinen (und dich andere dafür belächeln). Glaub an die große Liebe, auch wenn du momentan total einsam bist. Glaub an dein Ziel, auch wenn es bis dahin noch ein weiter Weg ist. Also, auch wenn sich nicht der erste „Frosch" als Traumprinz entpuppt, es werden noch weitere auftauchen! Konkret kann es helfen, sich sein Ziel ganz genau auszumalen – in Gedanken ein „Selfie" zu schießen, auf dem du glücklich und zufrieden am Ziel in die Kamera lächelst: du auf der Bühne beim erfolgreichen Konzert, das Publikum jubelt; du mit deiner Traumfrau gemeinsam auf einer Luftmatratze im Pool; du in deiner WG, einen Tag, bevor das erste Semester deines Studiums beginnt. Was ist auf deinem „Ziel-Selfie" zu sehen? Wollen wir es gleich mal probieren? Bitte eine Minute die Augen schließen …

DIE LISTE: WARUM ES SICH LOHNT, DURCHZUHALTEN!

◦ Du kannst nie wissen, wie nahe du dem Ziel schon bist. Vielleicht liegt es schon zehn Meter vor dir?
◦ Vielleicht hat dir bloß niemand Bescheid gegeben, dass Hilfe schon im Anmarsch ist. Vielleicht greift dir jetzt gleich jemand unter die Arme?
◦ Der entscheidende Schritt, die entscheidende Erkenntnis könnte bereits morgen passieren. Vielleicht handelt es sich nur noch um ein paar Stunden?
◦ und …?

DEIN JOB: CHEERLEADER!

Du kennst sie sicher aus amerikanischen Filmen: Immer, wenn in einer Komödie oder einem Thriller Baseball- oder Basketballspiele gezeigt werden, feuern am Rand des Spielfelds viele Cheerleader lauthals ihre Mannschaft an, so dass sie die Bestleistung bieten. Und sie machen den Spielern Mut, wenn das Spiel nicht so gut läuft. Auch jeder von uns hat im Alltag manchmal die Aufgabe, „Cheerleader" zu sein. Keine Angst: Das heißt nicht, dass wir uns komische Kostüme anziehen und ausgeflippte Tänze und hysterische Jubelschreie einstudieren müssen. So wie der Heilige Geist uns Energie gibt und uns hilft, auch in schwierigen Zeiten nicht aufzugeben, genauso gibt er uns die Fähigkeit, andere Menschen zu motivieren und zu unterstützen – egal ob in der Schule, im Freundeskreis, in der Familie oder beim Sport. Jeder von uns braucht zwischendurch mal eine Aufmunterung. Jemand, der zu einem sagt: „Gib nicht auf! Du schaffst das schon!" Dann spürt man: „Ich bin nicht allein. Ich werde von anderen unterstützt." Manchmal genügt ein Lächeln, ein nettes Wort, ein Schulterklopfen oder eine Motivations-SMS. Aber wenn du nichts machst, dann tut niemand was.

DIE WAHRE STÄRKE IST DIE INNERE STÄRKE

Es gibt noch etwas viel Attraktiveres als einen muskulösen, durchtrainierten Körper. Auch Jesus war kein „Muskelprotz" oder „Superman". Er hat mit einer besonderen Kraft die Menschen beeindruckt: Gegen seine innere Stärke kam nichts und niemand an. Er wusste, was für ihn zählte. Er verlor sein Ziel nie aus den Augen. Er widerstand jeder Versuchung. Wie groß ist deine innere Stärke? Menschen mit innerer Stärke lassen sich nicht zu etwas überreden, von dem sie innerlich nicht überzeugt sind oder das ihnen gegen den Strich geht. Sie wissen, was sie wollen. Sie spüren ganz tief in sich drin: Der Heilige Geist gibt mir Kraft. Mit ihm an meiner Seite kann mir niemand etwas anhaben. Ich will kein Blatt im Wind sein, das in alle Himmelsrichtungen geweht wird. So wirkt es sich aus, wenn du innere Stärke hast:

- Es haut dich nicht sofort aus den Schuhen, wenn es in einer Freundschaft mal nicht so rosig läuft.
- Eine Niederlage? Kann doch jedem mal passieren, aber ist doch nicht der Untergang.
- Du kannst auch mal ein Auge zudrücken. Über den eigenen Schatten zu springen, ist ein Kinderspiel. Verzeihen ist für dich keine Herausforderung, du kannst anderen eine neue Chance geben.

Aber Achtung: Im Gegensatz zu den Leuten, die mit Selfies aus dem Fitnesscenter prahlen, geht es bei der „inneren Stärke" nicht um Wettbewerb oder Show. „Innere Stärke" muss man nicht extra „präsentieren", sie wird von allein sichtbar …

STARK SEIN FÜR DEN GLAUBEN!

Etwas ist heute für viele besonders schwierig: zu seinem Glauben stehen zu können. Wie leicht fällt es dir, mit anderen über deinen Glauben, über dein Bild von Gott und deine Gebete zu sprechen? Nicht selten erntet man schräge Blicke, wenn man sagt „Ich glaube an Gott" oder „Das Gebet gibt mir Kraft." Viele lassen sich dadurch leider verunsichern, so dass sie irgendwann gar nicht mehr über Gott und den Glauben sprechen oder sogar verheimlichen, dass sie überzeugt sind, dass es „da oben" jemanden gibt und wir nicht per Zufall auf dieser Welt sind. Zugegeben: Es ist manchmal überhaupt nicht einfach, die richtigen Worte für den Glauben oder für Glaubensfragen, die einen beschäftigen, zu finden. Wir dürfen aber darauf vertrauen, dass der Heilige Geist uns bei solchen Gesprächen zur Seite steht: Er gibt uns Stärke, zum Glauben und zu unseren Überzeugungen zu stehen. Selbst, wenn es manche „absurd" finden, dass Gott für uns wichtig ist, oder gleich eine Menge Argumente liefern, die gegen die Existenz von Gott sprechen, sollten wir uns davon nicht allzu sehr beeindrucken lassen. Auch wenn unsere Meinung momentan nicht gerade „Mainstream" ist, muss sie doch nicht falsch oder schlecht sein! Und vielleicht hast du das auch schon mal so erlebt: Oft stellt sich bei der Nachfrage heraus, dass die anderen in Tat und Wahrheit gar nicht so sicher sind. Sie reagieren mit Spott, um von ihren eigenen Zweifeln abzulenken. Weil sie selber ziemlich unsicher sind, ob es Gott vielleicht nicht doch gibt.

Tipp: Nicht gleich bei der ersten kritischen oder spöttischen Bemerkung den Schwanz einziehen, sondern nachfragen: Warum reagierst du so? Bist du wirklich so sehr von deiner Einstellung überzeugt? Angenehme Nebenwirkung: Wer zu seinem Glauben steht und anderen davon erzählt, erfährt, dass es durchaus auch andere junge Leute gibt, die sich mit Glaubensfragen beschäftigen oder wie du überzeugt sind, dass es Gott gibt.

„Fürchte dich nicht,
denn ich bin bei dir;
hab keine Angst, denn
ich bin dein Gott!
Ich mache dich stark,
ich helfe dir, mit meiner
siegreichen Hand
beschütze ich dich!"

Jesaja 41,10

VERTRAG:
ICH BLEIBE MIR SELBER TREU

Ich gehe meinen Weg, weiche nie ab von meinem Ziel,
selbst wenn ich über Scherben gehen muss
verliere selbst im dicken Novembernebel
meine Träume nie aus den Augen
ich lasse mich nicht verbiegen,
ich lasse mich nicht locken in die Sackgassen

Die Hoffnung? Lasse ich mir von keinem nehmen!
Den Glauben? Lasse ich mir nie rauben!
Ich bleib mir selber treu.

Bitte hier unterschreiben:

_____

◇

Lass Power regnen
wenn ich mitten in der Wüste des
Alltags feststecke
mit bleiernen Füßen
mit Augen, die fast zufallen
und einem Kopf, der nur noch leer ist.
Schieb jedes Hindernis aus meiner
Fahrbahn!

◇

◇

Die Straße kann auch and steil nach oben führen,
der Wind kann mir mit aller Wucht ins Gesicht peitschen
vielleicht stolpere ich sogar, lande im Graben
vielleicht muss ich zwischendurch wieder von null beginnen,
doch eines verliere ich nie:
Heil'ger Geist, du bist bei mir, hinter, vor und über mir.
Du lässt mich niemals los!

◇

Bitte, leuchte wie eine Fackel
wenn ich mich verliere im Dunkeln dieser Nacht.
Gib mir Orientierung,
wenn ich irre durch dicksten Novembernebel,
lass mein Ziel nie in der Dunkelheit verschwinden!

◇ ◇

Du gibst mir Rückenwind.
Du gibst mir neues Vertrauen.
Du flüsterst mir zu:
„Hab nur ein bisschen Mut!"

VERS

TAND

—VERSTAND—
KAPITEL 5

FRAGEN FÜR SCHLAFLOSE NÄCHTE:
- WARUM GIBT DER VERSTAND GERADE
IN BRENZLIGEN SITUATIONEN DEN
GEIST AUF?
- WO KANN MAN DEN VERSTAND FINDEN,
WENN MAN IHN VERLOREN HAT?

5

VERSTAND

GO:
- **ANPACKER**
- **SELBER-DENKER**
- **WEITBLICKER**
- **LANGSTRECKENLÄUFER**
- **TIEFDURCHATMER**

NO GO:
- **DRAMAQUEEN**
- **SCHNELLSTARTER**
- **HYSTERIKER**
- **PULVERFASS**
- **EINTAGSFLIEGEN**

WIE VIEL ZEIT VERBRINGST DU BEI YOUTUBE?

Schlägst du dir dort auch manchmal ganze Nachmittage oder Nächte um die Ohren? So viele Videos! Und nach jedem Video, das man angesehen hat, werden einem nochmals ein paar weitere vorgeschlagen. Da könnte man sich fast nonstop irgendein Musikvideo oder irgendeinen Comedy-Clip reinziehen. Da gibt es Videos von Stars, Filmemachern, Journalisten, aber auch von „Amateuren". Zum Beispiel Jugendliche, die mit ganz einfacher technischer Ausrüstung irgendwann damit angefangen haben, selber Videos zu drehen und sie online zu stellen. Da gibt es unzählige total witzige Beispiele. Einige dieser Teenager sind mittlerweile schon fast so etwas wie „Stars". Millionen Mal werden ihre Videos angeklickt und tausende Fans haben ihre Videokanäle abonniert, damit sie ja kein Video verpassen. Vielleicht bist auch du Fan von solchen „YouTubern"? Wer die schrägsten oder verrücktesten Videos produziert, bekommt am meisten Klicks. Auch wenn es sich dabei um ein absolutes Nonsens-Video ohne wirklichen Inhalt handelt. Die Videos sind Unterhaltung pur und man kann mit ihnen den eigenen Alltag komplett vergessen. Die YouTuber überschreiten bei ihren Filmchen natürlich manchmal auch die Grenzen des guten Geschmacks. Wahrscheinlich sehen sich deine Eltern solche Videos nicht an. Was würden sie davon halten? „Das ist ja absoluter Unsinn!", „Der hat ja den Verstand verloren!" oder „Ist die komplett verrückt geworden?" Einverstanden: Bei manchen dieser Videoproduzenten könnte man das Gefühl bekommen, die seien nicht mehr ganz „normal" oder sie hätten kein Hirn mehr. Sich möglichst viel zu amüsieren, scheint das einzige Ziel dieser Videomacher zu sein – selbst wenn das auf Kosten anderer passiert oder sie sich selber sogar in Gefahr begeben, um eine außergewöhnliche Aufnahme zu drehen. Vor so etwas will uns der Heilige Geist mit der Gabe des Verstandes bewahren. „Ist der Heilige Geist eine Spaßbremse?", wirst du dich jetzt fragen. Nein, der Heilige Geist hat nichts gegen Freude und Spaß. Die Firmung macht aus uns keine Langweiler, die nur noch mit total ernster Miene durchs Leben gehen. Der Heilige Geist sorgt auch nicht dafür, dass unser Hirn leistungsfähiger wird. Der Heilige Geist hilft uns, unser Leben mit Verstand zu leben.

„WER WIRD MILLIONÄR?"

Bei jedem kommt es ab und zu vor, dass das Leben außer Rand und Band gerät: Da verliebt man sich Hals über Kopf in jemanden, Schmetterlinge im Bauch, das Gehirn funktioniert nicht mehr richtig und man macht plötzlich nur noch verrückte Dinge. Da landet man bei einem Musikwettbewerb oder bei einer Sportmeisterschaft auf dem ersten Platz und explodiert fast vor Glück. Oder man erbt oder gewinnt total überraschend ein großes Vermögen und hat von einem Tag auf den anderen eine Menge Geld zur freien Verfügung. Träumst du auch davon, bei „Wer wird Millionär?" mitzumachen und mit einer Million Euro nach Hause zu gehen? Eine verlockende Vorstellung! Mit so viel Geld könnte man eine Menge anfangen und wäre bestimmt alle Sorgen los … Aber offensichtlich ist der Sieg doch nicht unbedingt ein Glücksereignis: Eine Zeitung hat „Wer wird Millionär?"-Gewinner einige Jahre nach ihrem Sieg besucht und interviewt. Die Antworten waren für die Leser ein Schock. Die meisten Gewinner waren nämlich durch ihren Gewinn gar nicht glücklich geworden – im Gegenteil: Ihr Leben war mittlerweile eine ziemliche Katastrophe. Bei vielen von ihnen war schon nach kurzer Zeit vom großen Geld gar nichts mehr übrig. Sie haben den Gewinn innerhalb kurzer Zeit verprasst für Urlaub, ein neues Haus, ein teures Auto … Dazu kam noch, dass sich Freunde vor lauter Neid abwandten und den

Kontakt abbrachen. Einige der Millionäre erklärten, dass sie vermutlich einfach überfordert gewesen waren, plötzlich so viel Geld zur Verfügung zu haben. Im Nachhinein hätten sie vieles anders gemacht. Irgendwie ist das nur schwer zu begreifen. „So etwas würde mir nicht passieren", sagt man schnell. Aber weißt du, wie es wäre, wenn du tatsächlich in eine solche Situation geraten würdest?

NICHT NUR BIS 3 ZÄHLEN

Manche Menschen haben einen besonderen Hang dafür, „durchzudrehen". Schon bei einem ganz kleinen Ereignis brüllen, kreischen, schimpfen oder weinen sie, was das Zeug hält. Da passiert etwas Positives oder Negatives und sie starten total durch, werden richtig hysterisch. Bist du auch so einer? Dienstagvormittag, die korrigierte Matheklausur kommt zurück – das Ergebnis: „miserabel", und das ist jetzt noch harmlos ausgedrückt. Die schlechteste Mathenote ever! Für dich stürzt die ganze Welt ein. Unter dir tut sich der Boden auf und du fällst in ein tiefes Loch. Da können deine Freunde noch so sehr versuchen, dich zu beruhigen und dich aufzumuntern – chancenlos. Die Panik hat dich schon fest im Griff und lässt dich nicht mehr so schnell los. Wie ein aufgescheuchtes Huhn rennst du herum und bist nicht mehr fähig, einen klaren Gedanken zu fassen. Stopp! Der Heilige Geist will uns in solchen „Notfall-Situationen" darauf aufmerksam machen: „Tief durchatmen – alles nicht so schlimm!" Auch wenn uns mal etwas total Mieses zustößt, soll man sich von den Emotionen nicht total überrumpeln lassen. Jetzt mal ganz nüchtern betrachtet: Eine schlechte Note? Ist doch kein Weltuntergang! Nach einigen Tagen oder Wochen wirst du wahrscheinlich gar keinen Gedanken mehr an dieses Ereignis verschwenden. Natürlich betrifft das auch positive Ausnahmeereignisse: Da lernt man jemanden kennen, lässt sich sofort auf ihn ein, ist Feuer und Flamme und glaubt alles, was der andere einem verspricht. Freunde sagen: „Sei vorsichtig! Der hat jede Woche eine andere!" und „Lass es langsam angehen. Überleg dir in Ruhe, ob es wirklich dein Mister Right ist." Aber zu diesem Zeitpunkt ist es eh schon zu spät. Zum Glück steht uns in solchen Situationen der Heilige Geist als eine Art „Bodyguard" zur Verfügung. Er möchte uns davor bewahren, komplett den Kopf zu verlieren oder etwas zu tun, das wir hinterher bereuen:

- Besser die Lage ganz genau checken, bevor man zum Sprung ansetzt.
- Besser die Sätze im Kopf nochmals genau durchgehen, bevor man seine Kritik laut äußert.
- Besser eine zweite Meinung einholen, bevor man seine Unterschrift hinkritzelt.

Denn: Ist ein Wort mal gesagt, ein Schritt mal getan, das Geld mal ausgegeben, eine Bestellung getätigt oder eine Tat ausgeführt, lässt sich das meistens nicht mehr rückgängig machen.

Aber Achtung: Der Heilige Geist arbeitet nicht mit Sirenen, Warnblinkern und Lautsprecherdurchsagen. Wir müssen Augen und Ohren weit aufmachen, um ihn zu wahrzunehmen.

HEUTE IN DEN NACHRICHTEN:

- Junioren-Eltern starten durch: Bei einem Spiel in der Nachwuchsliga (13–14-Jährige) knallt es heftig – neben dem Spielfeld: Die Eltern der Spieler drehen durch. Sie attackieren den Schiedsrichter. Sie beleidigen ihn und drohen ihm vor den Augen der Kinder Faustschläge an.

- Dramatische Folge von „Verliebt in Wien": In der heutigen Folge von „Verliebt in Wien" schöpft Valerie Verdacht, dass ihre beste Freundin eine Intrige gegen sie inszeniert hat. Sie rastet auf dem Schulhof komplett aus und beschimpft sie vor den Augen aller Schüler und Lehrer aufs Übelste.

- Hochzeit nach zwei Wochen: Ganz überraschend hat die erfolgreiche Schauspielerin Vanessa Blume und der Rock-Sänger Jerry Hof gestern den Medien mitgeteilt, dass sie sich in Barcelona das Ja-Wort gegeben haben. Dabei haben sie sich erst vor zwei Wochen kennen gelernt.

Drei Beispiele (das erste hat tatsächlich so stattgefunden) aus dem Alltag. Die Beispiele könnten auch ganz anders abgelaufen sein. Wie wäre es wohl ausgegangen, wenn die Personen auf die „Kurzschlusshandlung" verzichtet hätten?

—

DAS „DURCHDREH"-SCHUTZPROGRAMM

1) Nicht überstürzt reagieren
2) Tief durchatmen
3) Eine Runde durch den Wald oder über die Wiese laufen
4) Nicht hinunterschlucken: Erzähle jemandem oder schreibe auf, was dich gerade beschäftigt.

Was „Wer wird Millionär?" betrifft: Du kannst gerne da mitmachen, wenn du dir das zutraust. Wir drücken dir die Daumen! Als Teilnehmer mit Verstand brauchst du dir auch keine Sorgen zu machen, die gleichen Fehler wie die bisherigen Sieger zu begehen. Du wirfst ja auch bei Ausnahmesituationen deinen Verstand nicht über Bord. Konkret in dieser Situation bedeutet das: Du legst das Geld sicher an, überdenkst in aller Ruhe, was du mit dem Gewinn anfangen möchtest. Denn mit Verstand leben, heißt nicht nur an heute, sondern auch an morgen und übermorgen denken. Als Mensch mit Köpfchen denkst du langfristig.

MÜCKEN UND ELEFANTEN

Den Bus verpasst, ein Fleck auf der neuen Bluse, mit der besten Freundin verkracht, den Geburtstag der Schwester vergessen, nichts Passendes anzuziehen, ein riesiger Pickel auf der Stirn – Probleme über Probleme, kaum ein Tag vergeht ohne! Und manche von ihnen schaffen es, uns die Laune komplett zu verderben. Tipp: Schalte in einer solchen Situation mal deinen Verstand ein und denke ganz genau nach. Ist das Problem wirklich ein Problem? Viel zu schnell neigen wir dazu, aus einer Mücke einen Elefanten zu machen. Vielleicht kennst du auch Frauen oder Männer, die für längere Zeit in Afrika, Südamerika oder Asien gelebt haben. Wenn du sehen würdest, mit welchen Problemen die Menschen sich dort herumschlagen, würdest du bei einem Pickel nicht einmal mehr das Gesicht verziehen. Wir leben hier in einer Wohlstandsgesellschaft. Meistens vergessen wir, wie gut es uns eigentlich geht. Wir lassen uns den Tag verderben, weil wir auf die neue Bluse gekleckert haben, während anderswo

Tag für Tag Kinder verhungern, Menschen vor Kriegen auf der Flucht sind oder unter schlimmen Naturkatastrophen leiden. Mehr auf den Heiligen Geist hören und den Verstand gebrauchen: Sind meine Probleme wirklich Probleme? Lohnt es sich wirklich, deswegen als Miss oder Mister Trübsal durch die Welt zu spazieren?

Gerade wenn im Leben mal alles danebengeht, wenn Pläne scheitern oder von einem großen Traum nur noch ein Scherbenhaufen übrig bleibt, beginnt das Grübeln. Warum hat es nicht geklappt? Warum ist das so ausgegangen? Warum ist das so passiert, obwohl ich Gott so sehr gebeten habe, mir zu helfen? Manchmal ist das fast so kompliziert wie Chinesisch, zu erkennen, was Gott mit unserem Leben vorhat. Das Werkzeug des Verstands ist so etwas wie ein „Dolmetscher". Mit seiner Hilfe kommen wir immer mehr der Frage auf die Spur, was Gott mit uns vorhat und was der Sinn unseres Lebens ist. Doch bitte nicht enttäuscht sein: Diese Frage ist vielleicht die komplizierteste Frage unseres Lebens. Wer nach einer Stunde schon die Antwort haben will, der wird wahrscheinlich scheitern.

GOTTES „SELFIE" ENTDECKEN

Wer Gott näher kennen lernen und ihn besser verstehen möchte, muss sich ihm an die Fersen heften. Gott macht keine „Selfies" von sich und stellt sie online. Seine „Selfies" sind erst auf den zweiten Blick zu erkennen: der Sonnenaufgang nach einer dunklen Nacht, der strahlendblaue Himmel, am Stadtrand der Apfelbaum auf dem Hügel, das Blumenmeer im Park, der Blick auf die tiefverschneiten Berge, das Lächeln eines Babys, die Umarmung deiner besten Freundin oder jemand, der zu dir sagt: „Du bist cool – ich mag dich". Er spricht durch seine Schöpfung, durch andere Menschen und durch Erlebnisse in unserem Alltag. Die Herausforderung besteht darin, diese besonderen Erlebnisse als solche zu erkennen. Da müssen wir so etwas wie die „Zoom-Funktion" in uns aktivieren. Wenn man das jetzt so beschreibt, hört sich das ziemlich abstrakt an. Wie läuft das konkret ab? Es gibt Momente, da blitzt es im Kopf, da macht es plötzlich „Klick". Ein Wort, ein Blick, ein Gedanke, ein Feuerwerk, das die dunkle Nacht erhellt. In diesem Moment spürt man ziemlich deutlich: Dieses Erlebnis, diese Begegnung, dieses Ereignis ist kein Zufall. Da will mir einer etwas ziemlich deutlich sagen …

ICH WILL SPASS!

„Du hast nur den Fun im Kopf!", werfen viele ältere Menschen Jugendlichen heute vor. In den Medien gibt es immer wieder Berichte, die uns als „Spaßgesellschaft" abstempeln. Jedem gehe es nur noch um das eigene Vergnügen, niemand wolle mehr Verantwortung übernehmen. Ist das wirklich so? Wenn man sich manche YouTube-Videos anschaut, könnte man wirklich einen solchen Eindruck bekommen. Selbstverständlich gibt es junge Menschen, die nur für den „Spaß" leben und am liebsten rund um die Uhr Party machen würden. Aber da gibt es genauso viele andere Beispiele: Jugendliche, die sich für etwas oder für jemanden engagieren und auch bereit sind, Verantwortung zu übernehmen: für Geschwister, in der Jugendarbeit, für die Umwelt, in einem Verein … Wie ist das bei dir? Wer sich für die Firmung entscheidet, stellt sich bei der Vorbereitung auf den Empfang des Sakramentes oder nach dem großen Festgottesdienst auch folgende Fragen: Wie will ich mich engagieren? Wie kann ich einen positiven Beitrag für unsere Welt leisten? Welche Talente habe ich und wie kann ich andere, die Gesellschaft oder die Natur davon profitieren lassen? Wer sich solche Fragen stellt, bei dem läuft der Verstand bereits auf Hochbetrieb. Die gute Nachricht: Die Ideen, die dabei herauskommen, müssen nicht zwingend Anstrengung und Arbeit verursachen – manchmal lassen sich Spaß und Verstand auch ganz einfach kombinieren: Wer zum Beispiel YouTube-Videos produziert oder bei Instagram witzige Fotos veröffentlicht, könnte auch mal in einem Foto oder mit Videos auf ein Problem oder eine Ungerechtigkeit hinweisen. Oder wie wäre es, Menschen, die keine Möglichkeit haben, auf sich und ihre Notlage aufmerksam zu machen, eine Stimme zu geben? Warum nicht mal ein Video über die Armut in unserem Land drehen oder in deinem Blog ein paar aktuelle Zahlen dazu zu posten?

JETZT SAGE ICH, WO'S LANGGEHT!

Die Firmung befähigt dich, Verantwortung zu übernehmen – auch in der Kirche. Sie will nicht „fromme Betschwestern und Betbrüder" aus uns machen, die zu allem brav Ja und Amen sagen. Natürlich bist du nur eine Stimme von knapp einer Milliarde Katholikinnen und Katholiken, aber auch du hast Einfluss darauf, wie die Kirche ist und wie sie sich weiterentwickelt. Heute scheint es ja fast schon ein „Volkssport" zu sein, die Kirche zu kritisieren. So viele Dinge, die nicht mehr „zeitgemäß" oder „absolut daneben" sein sollen! Es gibt sogar Menschen, die der Kirche den Rücken kehren, weil sie mit dem Papst oder mit den Bischöfen nicht einverstanden sind. Fast noch etwas schlimmer als die Nörgler- und Lästerclubs ist die „Bande der Abgelöschten" – die Katholiken, die sich schon mit der Situation abgefunden haben und keinen Funken Hoffnung mehr haben. Es ist tatsächlich so, dass die Kirche nicht „perfekt" ist und man sich bei einigen Themen fragen könnte, ob da nicht auch anderes denkbar wäre. Doch Trübsal zu blasen oder etwas zu kritisieren ist keine Kunst, sondern eher ein Kinderspiel. Ein sehr bequemes noch dazu. Aber etwas zu unternehmen, braucht da schon etwas mehr Anstrengung, Ideen und vielleicht auch Mut. Wer die Sache mit der eigenen Verantwortung für die Kirche ernst nimmt, hört mit der Lästerei auf und überlegt sich stattdessen: Wie könnte ich doch einen Beitrag leisten, dass die Kirche eine Kirche wird, von der ich träume? Eine Kirche, in der sich alle Menschen wohl fühlen? Eine Kirche, die für alle Menschen da ist? Wir brauchen: Tonnen von deinen Ideen und Engagement. Du kannst dich vor Ort in der Kirche engagieren, indem du zum Beispiel ein Amt übernimmst. Vielleicht gibt es bei euch auch die Möglichkeit, im Gottesdienstteam mitzuwirken? Oder vielleicht kannst du dich mit anderen zusammentun und ein Hilfsprojekt starten und damit Geld für Menschen in Not sammeln? So kannst du zwar nicht von heute auf morgen die Welt verändern, aber du kannst deinen Beitrag leisten. Eines ist sicher: So lange sich jeder ohnmächtig und unbedeutend fühlt, wird die Kirche tatsächlich so bleiben, wie sie ist. Und willst du dafür die Verantwortung übernehmen?

◇ Von dieser Kirche träume ich:

◇ Das kann ich dazu beitragen:

AUGEN FÜR DAS UNSICHTBARE

Ist denn Glaube nicht das Gegenteil von Verstand? „Ich glaube nur, was ich sehe!", sagen Leute, die mit Glauben nichts anfangen können. Das ist natürlich sehr salopp formuliert, denn wenn man die Aussage ganz genau analysieren würde, könnte man entgegnen: „Es gibt Dinge, die in unserem Leben nicht sichtbar sind und die es trotzdem gibt." Oder hast du schon einmal die Liebe oder den Strom gesehen? „Aber beim Strom sieht man die Wirkung!", könnte man jetzt protestieren. Aber hat nicht auch der Glaube Auswirkungen, die man spüren kann? Es ist tatsächlich nicht so einfach, den Glauben mit dem Verstand komplett zu begreifen. Wie war denn das genau mit der Auferstehung von Jesus? Was passiert nach dem Tod? Warum unternimmt Gott nichts gegen die Ungerechtigkeiten, die Armut und das viele Leid auf unserer Welt? Selbst bei Menschen, die eine ganz intensive Beziehung zu Gott haben, sorgen diese Fragen für Kopfzerbrechen. Wahrscheinlich hat noch keiner eine wirkliche Antwort darauf gefunden. Aber vielleicht hast du das auch schon erlebt: Manchmal beantwortet sich eine Frage nach einer gewissen Zeit plötzlich von allein und einige Monate oder Jahre später versteht man plötzlich, warum etwas so geschehen ist oder weshalb etwas nicht geklappt hat. Der Heilige Geist ist nicht wie Wikipedia: Er liefert uns nicht auf einen Klick Antworten auf alle Fragen. Aber wer den Heiligen Geist um Hilfe bittet, den wird er auf dem Weg zur gesuchten Antwort begleiten und führen, selbst wenn man dafür mal eine Bergwanderung in Kauf nehmen muss.

———

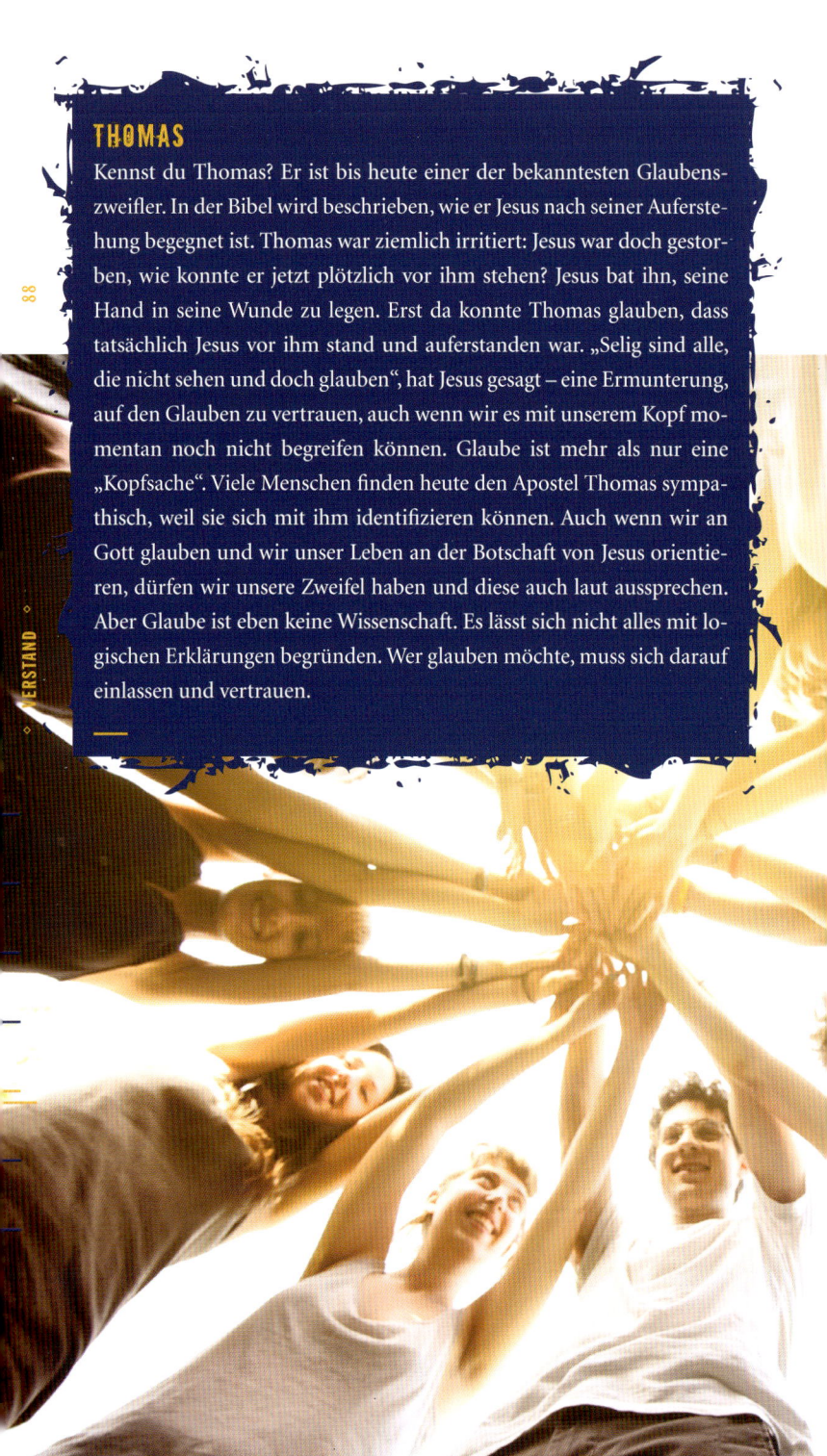

THOMAS

Kennst du Thomas? Er ist bis heute einer der bekanntesten Glaubens-zweifler. In der Bibel wird beschrieben, wie er Jesus nach seiner Auferste-hung begegnet ist. Thomas war ziemlich irritiert: Jesus war doch gestor-ben, wie konnte er jetzt plötzlich vor ihm stehen? Jesus bat ihn, seine Hand in seine Wunde zu legen. Erst da konnte Thomas glauben, dass tatsächlich Jesus vor ihm stand und auferstanden war. „Selig sind alle, die nicht sehen und doch glauben", hat Jesus gesagt – eine Ermunterung, auf den Glauben zu vertrauen, auch wenn wir es mit unserem Kopf mo-mentan noch nicht begreifen können. Glaube ist mehr als nur eine „Kopfsache". Viele Menschen finden heute den Apostel Thomas sympa-thisch, weil sie sich mit ihm identifizieren können. Auch wenn wir an Gott glauben und wir unser Leben an der Botschaft von Jesus orientie-ren, dürfen wir unsere Zweifel haben und diese auch laut aussprechen. Aber Glaube ist eben keine Wissenschaft. Es lässt sich nicht alles mit lo-gischen Erklärungen begründen. Wer glauben möchte, muss sich darauf einlassen und vertrauen.

ALLES KEINEN SINN MEHR?

Auch wenn du mit dem Heiligen Geist unterwegs bist, kann es Momente in deinem Leben geben, wo alles plötzlich keinen Sinn mehr macht. Auf einmal ist da gar keine Hoffnung mehr, dass es je besser werden könnte. Probleme in der Schule, bei der Arbeit oder zuhause … Eine unheimliche Last bedrückt dich. Sie schnürt dir den Hals zu, dir fällt das Atmen schwer. Es ist nicht deine Schuld, so etwas kann jedem passieren. Es ist auch völlig egal, ob deine Probleme aus der Sicht von andern total harmlos und banal sind – für dich ist es der Weltuntergang. Wichtig ist, in solchen Situationen rechtzeitig Hilfe zu suchen oder mit jemandem zu sprechen. Es gibt niemanden in deiner Familie, an deiner Schule oder in deinem Freundeskreis, mit dem du über dieses Problem reden kannst? Es ist dir zu persönlich, zu „peinlich"? Vielleicht hilft es, mit einer „neutralen" Person zu reden. Auch in deiner Nähe gibt es Experten, die per Telefon oder Internet erreichbar sind und dir in einer Notlage weiterhelfen und Tipps geben können. Bei ihnen braucht dir nichts peinlich zu sein. Sie nehmen jedes Problem ernst und haben Ideen, die dir alleine nie in den Sinn gekommen wären. Kontaktadressen findest du im Internet. Du kannst im Leben in eine noch so enge und dunkle Sackgasse geraten, es gibt immer jemanden, der dich da wieder herausführen kann!

PS. Das betrifft natürlich auch deine Freunde: Wenn du das Gefühl hast, einem Freund geht es mies, ermutige ihn, Hilfe zu suchen. Zeig ihm, dass du immer für ihn da bist. Falls er zu große Angst hat, sich dir anzuvertrauen, ermuntere ihn, mit „Experten" Kontakt aufzunehmen.

—

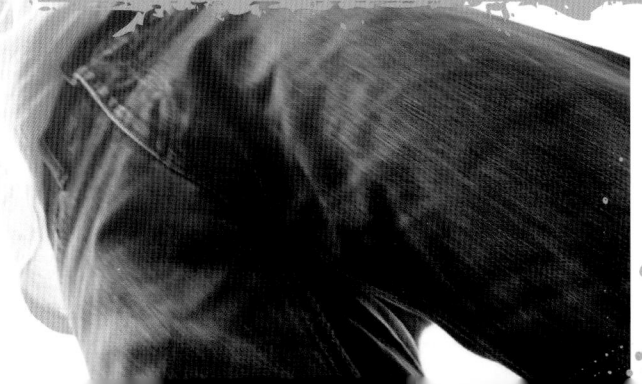

MEHR HUMOR!

Du bist noch immer etwas eingeschnappt wegen den Kommentaren zu den YouTube-Videos? Dieser Einstieg war wirklich etwas zu krass. Hoffentlich ist jetzt kein falscher Eindruck entstanden: Man kann natürlich den Verstand anwenden und sich gleichzeitig köstlich über sogenannte „Nonsens-Videos" amüsieren. Der Heilige Geist hat überhaupt nichts gegen Humor. Er will Spaß, Unbeschwertheit und Freude in unser Leben bringen. Wenn Menschen zusammen sind und eine gute Zeit miteinander verbringen, kann man sicher sein, dass der Heilige Geist mitten unter ihnen ist. Das Entscheidende ist: Können alle mitlachen – oder wird über jemanden gelacht? Aber nicht nur wir sollen fröhlich sein dürfen, sondern alle Menschen. Deshalb liegt es in unserer Verantwortung, andere zum Lächeln zu bringen. Du ärgerst dich darüber, dass der Alltag und die meisten Menschen viel zu ernst sind? Unserer Welt könnte etwas mehr Humor definitiv guttun! Worauf wartest du? Am besten gleich Ideen suchen, wie du deine Mitmenschen mehr zum Lachen bringen und sie fröhlicher machen kannst.

„Selig sind die, die über sich selbst lachen können;
sie werden immer genug Unterhaltung finden.
Selig die, die einen Berg von einem Maulwurfshügel
unterscheiden können;
sie werden sich viel Ärger ersparen. [...]
Selig, die denken, bevor sie handeln, und beten, ehe
sie denken;
sie werden eine Menge Dummheiten vermeiden.
Selig die, die lächeln und schweigen können, auch
wenn man ihnen das Wort abschneidet oder auf die
Zehen tritt;
sie sind dem Geiste des Evangeliums sehr nahe.
Selig die, die es verstehen, die kleinen Dinge ernst
und die ernsten Dinge gelassen anzusehen;
sie werden im Leben sehr weit kommen."

Urban Camenzind-Herzog, aus „Die Alternative", Freiburg 1994

◇ VERSTAND ◇

Schalte helle Leuchtreklamen
für alle Menschen, die Macht haben:
Wir brauchen mehr Engagement für Menschen in Not,
mehr Einsatz für das Ende der Kriege,
mehr Power gegen Lästerschwestern und Motzbrüder,
Kopfschütteln gegen jede Ausgrenzung – mehr davon!
Lass sie diese Botschaft nicht übersehen!

◇

Meine Bitte:
Lass in meinem Leben
die Freude sprühen wie Millionen Funken
am dunklen Sommerhimmel
egal wo ich bin
egal was ich mache.

◇

Schick mir ein Signal

wenn mich wieder Zweifel plagen

in meinem Kopf Achterbahn fahren

lass mich dann ganz tief in mir spüren,

dass es dich gibt!

◇   ◇

◇

Setz dich ins Abteil
zum Mädchen mit dem traurigen Blick
unterwegs durch die dunkle Nacht.
Schwimm neben dem Jungen,
mit dem sich im Freibad niemand abgibt.
Begleite die Frau ins Kino, die ganz neu in der Stadt lebt.
Geh mit dem Partyhelden im Morgengrauen nach Hause,
der noch immer niemanden kennen gelernt hat.
Stell dich neben den Geschäftsmann,
der als Einziger morgens um 5.03 Uhr an der Bushaltestelle wartet.
Eliminiere ihre Einsamkeit!

—WISSEN—
KAPITEL 6

WENN EINER ALLEINE DENKT, DENKT ER MEISTENS ZU KURZ, WENN EINER GEMEINSAM MIT ANDEREN DENKT, ENTSTEHEN PLÖTZLICH GANZ GROSSE IDEEN.

IST NEUGIER DIE GEFÄHRLICHSTE WAFFE?

Wie gut kenne ich mich?

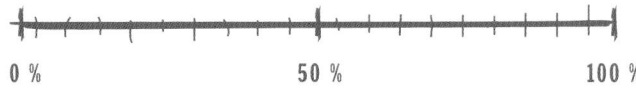

0 %   50 %   100 %

Wie gut kenne ich meine besten Freunde?

0 %   50 %   100 %

Wie gut kenne ich Gott?

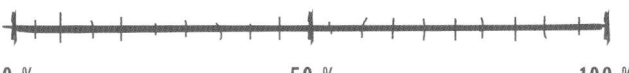

0 %   50 %   100 %

WAS TUST DU, WENN DU IM TV ODER INTERNET SCHRECKLICHE BILDER SIEHST?

Ein fürchterlicher Bombenanschlag in Jerusalem mit ganz vielen Toten, ein schweres Erdbeben in Asien, ein Hinrichtungsvideo aus Syrien – wir werden oft mit solchen Bildern konfrontiert. „Das sehe ich mir nicht an", sagen manche Zuschauer und wechseln den Sender oder klicken schnell weiter. Die Bilder sind einfach zu krass, zu deprimierend und zu brutal, als dass man sie wirklich sehen möchte. Heute erreichen uns fast täglich schreckliche Bilder aus irgendeiner Ecke der Welt. Immer wenn man denkt, die Aufnahmen könnten nicht noch schlimmer werden, taucht noch etwas viel Brutaleres auf. Wer sich das regelmäßig freiwillig ansieht, muss schon eine ziemlich dicke Haut haben. Manchmal genügt aber bereits weniger Elend und wir klicken weg: Videos von erschöpften Flüchtlingen, verwahrloste Tiere in Massentierhaltung oder ein Tankerunglück auf dem Meer, das zu einer verheerenden Ölkatastrophe führt und die Natur an den Stränden zerstört. Es gibt einen ganz einfachen Trick dagegen: Augen zu und aus! Wenn man etwas nicht sieht oder hört, dann bekommt man davon auch nichts mit und muss sich keine Sorgen machen. Quatsch, das ist natürlich nichts anderes als reiner Selbstbetrug! Auch wenn man vor etwas die Augen verschließt, ist es trotzdem nach wie vor da. Man blendet es nur aus und belügt sich selber. Und wenn nicht nur einer, sondern gleich mehrere oder sogar eine ganze Gesellschaft vor einem Problem oder einer Katastrophe die Augen verschließen, kann das verheerende Konsequenzen haben: Das Problem wird immer größer. Irgendwann ist es so groß, dass selbst wegschauen nicht mehr hilft. Wenn wir die Vergangenheit genauer anschauen, erkennen wir, dass viele der großen Katastrophen der Menschheit nur passieren konnten, weil man zu lange weggeschaut hat: der Zweite Weltkrieg, große Hungersnöte, Flüchtlingstragödien, Gewaltausschreitungen … Dabei könnte das verhindert werden.

BIST AUCH DU IM „OFF"-MODUS?

Was würdest du als eines der größten Probleme unserer Zeit bezeichnen? Vielleicht denkst du jetzt an die Klimaerwärmung, die Arbeitslosigkeit oder die Globalisierung. Diese Antworten werden auf jeden Fall bei Umfragen oft genannt. Selbstverständlich sind das auch große Probleme. Aber eine Sache ist noch viel gravierender: Viel zu viele Menschen sitzen rum und tun nichts. Man weiß, erkennt oder realisiert etwas und unternimmt doch nichts. Weil es zu viel Aufwand und zu viel Widerstand mit sich bringt. Und mit diesem Verhalten macht sich jeder zum Verbrecher. Jeder von uns hat Augen, Ohren und noch viel wichtiger: Jeder von uns hat Hirn. Doch anstatt „Köpfchen" zu beweisen, schalten viele ihr Hirn auf „off". Dabei ist unser innerer Antrieb, etwas genauer erfahren und einer Sache auf dem Grund gehen zu wollen, eine Gabe des Heiligen Geistes. Er will uns Augen und Ohren weit öffnen: Wir sollen uns Wissen aneignen und dieses Wissen dann auch anwenden. Zum Glück hat das Wissen einen ganz besonderen Motor: die Neugier! Diese hat jetzt definitiv jeder. Oder bist du je einem Menschen begegnet, der überhaupt nicht neugierig war?

NEUGIERIGE RETTEN DIE WELT

Sind die beiden jetzt ein Paar? Wer war der Mörder? Was passiert in der nächsten Folge der Reality-Show? Wie dieser Kuchen wohl schmeckt? So viele Fragen, die uns brennend interessieren. Man könnte die Neugier auch als eine Gabe des Heiligen Geistes bezeichnen. Denn der Wunsch, mehr zu erfahren, mehr herauszufinden, wäre eigentlich eine geniale Medizin für unsere Welt. Dummerweise ist es aber so, dass sich die Neugier vieler Menschen heute mehrheitlich auf Klatsch und Tratsch beschränkt. Dabei hätten neugierige Menschen ein ganz besonderes Talent: Fragen zu stellen! Damit ist nicht die Frage nach dem Beziehungsstatus von Miley Cyrus oder einem anderen Popstar gemeint. Die Neugier ist der Motor, hinter die Kulissen unserer Welt zu blicken und Dinge, die auf den ersten Blick total selbstverständlich sind, in Frage zu stellen:

◦ Warum lächeln die Leute so wenig?
◦ Warum nehmen sich Erwachsene kaum Zeit zum Chillen?
◦ Warum verhungern noch immer Menschen, obwohl wir genügend Nahrungsmittel für alle hätten?
◦ Warum werden noch immer Menschen diskriminiert, obwohl wir mittlerweile schon lange wissen, dass alle gleich sind?
◦ Warum haben noch immer nicht alle Kinder auf dieser Welt die Möglichkeit, eine Schule zu besuchen?

UNBEQUEME FRAGEN

Bestimmt fallen dir noch weitere ähnliche Fragen ein! Wer eine solche stellt, erwartet eine Antwort. Eine Frage hält den Finger in die Wunde und spricht laut und deutlich aus, was auf unserer Welt noch nicht in Ordnung ist und eigentlich anders sein müsste. Achtung: Eine solche Frage kann für die Menschen, die diese ungerechten Situationen verursacht haben oder nichts dagegen unternehmen, wie eine Ohrfeige sein. Jetzt bist du gefordert! Es hat zwar schon immer Menschen gegeben, die den Mut hatten, „unbequem" zu sein und sich nicht so schnell mit einer einfachen Antwort abspeisen zu lassen. Doch heute sind sie auf deine Unterstützung angewiesen. Hätten sie deine Handynummer, würden sie dir in diesem Moment folgende Kurzmitteilung schicken: „Wir brauchen dich ganz dringend." Äußere deine Fragen und gib dich nicht so schnell zufrieden. Bohre nach, wenn dich eine Antwort nicht überzeugt oder sie zu schwammig ist. Werde nicht müde, manche Fragen immer wieder zu stellen. Denn eines ist sicher: Die meisten lassen sich viel zu schnell mundtot machen. Würden viele die schlechten Dinge auf unserer Welt nicht einfach so hinnehmen, wäre vieles ganz anders. Und damit wären wir wieder bei den schrecklichen Videos aus Syrien, Israel und anderswo. Es gibt eine Alternative zu einer „bequemen Reaktion" (du kannst dich noch erinnern?). Selbstverständlich ist es richtig, schnell wegzuklicken, wenn einem die Videos zu brutal sind oder zu nahe gehen. Wahrscheinlich müssten die Medien solche Videos auch gar nicht mehr zeigen, denn wie brutal und menschenverachtend Verbrecher mit ihren Opfern umgehen, haben wir schon viel zu oft gesehen. Wir können auf diese Videos reagieren, indem wir darüber sprechen, gegen dieses Leid protestieren und es den Verantwortlichen dieser Welt ziemlich unbequem machen, indem wir nicht mehr länger auf dem Sofa herumhängen, sondern aktiv werden. Wie das gehen soll?

MISS LUXUS, WANN LEGST DU LOS?

Wir sind ja eigentlich in einer absoluten Luxussituation. Luxus Nummer 1: Wir leben in einem demokratischen Land. Wir haben sogar offiziell das Recht, Fragen zu stellen. Das ist nicht einmal in Europa eine Selbstverständlichkeit. In manchen europäischen Ländern ist die freie Meinungsäußerung nur beschränkt möglich. Wer Kritik ausspricht, muss mit negativen Konsequenzen rechnen. Während anderswo Menschen ihre Meinung äußern und dafür zum Teil sogar ihr Leben riskieren, brauchen wir nichts zu befürchten – außer vielleicht ein paar schräge Blicke. Und tut das wirklich weh? Luxus Nummer 2: Wir haben Zugang zum Internet – ein Ort, wo wir mit unseren Fragen und Statements auch ein größeres Publikum erreichen können. Aber auch in der Schule, im Freundeskreis, im Verein oder in der Fußgängerzone können wir uns einmischen. Also, wie lautet deine erste Frage?

Du bist noch nicht startklar? Dir fehlt noch das bisschen Mut? Ja, Fragen zu stellen kostet manchmal etwas Überwindung. Viele stellen eine Frage erst gar nicht, weil sie sich vor der Antwort fürchten. Die Antwort könnte einen nämlich auch darauf aufmerksam machen, dass man selber etwas unternehmen müsste oder dass man bei vielen Themen gar nicht so sicher ist, wie man sich das einbildet. Wahrscheinlich ist das auch ein Grund, warum heute viele Menschen sämtliche Fragen rund um Gott komplett ausblenden: Wie ist Gott? Wie sieht er aus? Was will er mir sagen? Auch das Wissen über Gott ist etwas, mit dem man sich beschäftigen kann. Ursprünglich war das sogar eines der Hauptthemen, wenn man über die Gabe der Wissenschaft gesprochen hat. Niemand erwartet von dir, dass du gleich ein ganzes Theologiestudium absolvierst. Aber wer die Gabe des Wissens vollständig anwendet, beschäftigt sich früher oder später mit den ganz komplexen Fragen: Woher kommen wir? Wohin gehen wir? Wie ist das denn mit Gott wirklich? Bei manchen Leuten beginnen schon allein bei diesen Fragen die Knie zu schlottern. Vielleicht wird ihnen bewusst, dass sie sich doch noch zu wenig damit beschäftigt haben, dass es überhaupt nicht so einfach ist, sie zu beantworten, oder dass die eigenen Antworten, wenn man sie genauer anschaut, doch nicht so überzeugend ist und Widersprüche beinhalten. Es kann eine Herausforderung sein, sich auf diese Fragen einzulassen. Doch jeder von uns hat das Talent, sich diesen Fragen zu stellen und damit auseinanderzusetzen.

IST WISSEN NICHT GEFÄHRLICH?

Durch das Internet haben wir heute einen total leichten Zugang zum Wissen. Das war früher überhaupt nicht so. Wer sich informieren wollte, musste oft weite Wege auf sich nehmen. Heute bekommen wir mit ein paar Klicks Informationen über fast jedes Thema – und das ganz simpel mit dem Smartphone oder Computer. Und wenn wir beobachten, was in den Medien über die neuesten Sensationsergebnisse der Forschung und Wissenschaft berichtet wird, könnte man einfach nur noch staunen: Egal ob Technik, Medizin oder Wirtschaft, wir scheinen in der Forschung unglaublich weit zu sein und unheimlich viel zu wissen. Und trotzdem, was hat uns das gebracht? Viele Krankheiten, die früher tödlich endeten, können heute geheilt werden. Aber sonst? Die großen Probleme unserer Welt haben wir noch immer nicht gelöst. Im Gegenteil: Manchmal kommt es einem so vor, als würden die Probleme sogar noch immer größer.

Mit dem Wissen ist es so eine Sache. Es kommt nicht nur darauf an, ob wir es haben, sondern auch was wir damit anfangen. Mit vielen Dingen auf unserer Welt kann man Gutes, aber auch Schlechtes anrichten: Mit einem Messer kann man schneiden oder etwas Schönes schnitzen, aber man kann es auch als Mordwerkzeug verwenden. So ist das auch beim Wissen: „Wissen ist Macht". Bestimmt hast du diesen Spruch auch schon gehört. Wer Wissen hat, kann damit etwas anfangen: Er kann egoistische Ziele verfolgen, er kann versuchen, die Probleme auf dieser Welt zu lösen. Aber natürlich kann er das Wissen auch als Waffe verwenden und Übel in die Welt bringen – oft passiert das auch unbeabsichtigt. Auch Robert Oppenheimer realisierte zu spät, was er mit seinem Wissen anrichtete. Der amerikanische Physiker galt im 20. Jahrhundert als einer der besten Quantenmechaniker weltweit. Er tüftelte und bastelte lange an einer bahnbrechenden Erfindung. Am 6. August 1945 war es dann endlich so weit und seine Erfindung wurde zum ersten Mal eingesetzt: Die Amerikaner warfen über der japanischen Stadt Hiroshima eine Atombombe ab. Drei Tage später folgte die zweite Bombe über der Stadt Nagasaki. 126.000 Menschen wurden sofort getötet, 90.000 Menschen starben an den Folgen. Robert Oppenheimer, der „Erfinder der Atombombe", war – so wird berichtet – entsetzt, als er erkannte, was seine Erfindung verursacht hatte. Er appellierte, die Atombombe künftig nicht mehr als Waffe einzusetzen. Doch natürlich gelang es ihm nicht mehr, sein Wissen „rückgängig" zu machen und die Erfindung wieder verschwinden lassen.

Wissen kann aber auch viel Gutes bewirken: Millionen Menschen haben ihr Leben Alexander Fleming zu verdanken – auch wenn sie vielleicht erst viele Jahre nach seinem Tod gelebt haben. Fleming lebte in Schottland und forschte als Bakteriologe. 1928 entdeckte er das Penicillin als Heilmittel, dieses kennt heute unter einem andern Namen fast jeder: das Antibiotikum. Viele Krankheiten, die bis zu dieser Erfindung den sicheren Tod bedeuteten, konnten plötzlich ziemlich schnell mit einem Antibiotikum geheilt werden.

WAS KANN ICH MIT MEINEM WISSEN ERREICHEN?

Du willst die Gabe des Wissens anwenden? Dann markiere folgenden Merksatz: Gehe verantwortungsvoll mit dem Wissen um und wende es auch auf diese Weise an. Selbstverständlich braucht man kein schlechtes Gewissen haben, wenn wir uns das Wissen zuerst für uns selber aneignen: Wir lernen etwas, um ein schulisches, berufliches oder sportliches Ziel zu erreichen. Wir dürfen uns freuen und stolz darauf sein, wenn es mit diesem Ziel klappt. Aber vielleicht können wir auf dem Weg dorthin gleich zwei Fliegen mit einer Klappe schlagen? Man kann das ja besonders gut beim Sport beobachten: Da gibt es Spieler oder Athleten, die ziemlich unfair mit ihren Konkurrenten umgehen oder vielleicht sogar ganz gezielt manipulieren, um den Sieg zu erreichen. Das wäre dann so was wie ein Wissensmissbrauch.

Vielleicht können auch andere von deinem Wissen profitieren – schon jetzt oder später, wenn du dein Ziel erreicht hast. Auch in der heutigen

Zeit gibt es Menschen, die ihr Wissen dafür einsetzen, anderen zu helfen. Dafür muss man nicht unbedingt ein Studium absolviert haben oder super intelligent sein. Jeder Mensch hat die Möglichkeit, andere von seinem Wissen profitieren zu lassen. Man muss dafür auch nicht gleich sein ganzes Leben „opfern". In einer ziemlich einfachen Form hast du es vielleicht schon selber ausprobiert: Hast du auch schon mal Nachhilfestunden für einen Mitschüler gegeben, der in Mathe, Englisch oder Chemie nur Bahnhof verstand?

LEBENSZIEL: DUMM BLEIBEN

Warum nur kommen wir nicht schon als Genie auf die Welt? Wie schön wäre es doch, Mathe, Englischvokabeln und Chemieformeln nicht erst mühsam erarbeiten zu müssen, sondern schon von Anfang einwandfrei zu beherrschen! Kein Mensch ist perfekt und auch niemand kann alles wissen. Gerade wenn man jung ist, kennt man sich bei manchen Dingen noch nicht so richtig aus. Tragisch, aber wahr: Es scheint, dass heute viele Menschen dumm bleiben wollen. Gibt es auch Leute in deiner Klasse, die gerne auf diese Ausrede zurückgreifen: „Sorry, aber ich hatte gar keine Ahnung!" oder „Hätte ich bloß gewusst, was ich damit anrichte." Vor einigen Jahren hat ein deutsches Rap-Trio einen Song mit dem Titel „Ich wär so gern so blöd wie du" veröffentlicht. In dem Song ging es darum, dass man es als dummer Mensch viel einfacher hat. Man braucht über nichts nachzudenken, man lebt einfach so in den Tag hinein. Aber wäre das wirklich so optimal? Es ist sehr einfach, sich dumm zu stellen und als unwissend auszugeben. Das ist ähnlich wie beim Augen-Verschließen. Wer freiwillig dumm bleiben will, wirft die Gabe „Talent zum Wissenaneignen" auf den Müll. Eine wahnsinnige Verschwendung! Doch alle, die dumm und naiv bleiben wollen, bestrafen eigentlich vor allem sich selber: Wer nicht selber denkt, wird zum Spielball. Die anderen können mit einem machen, was sie wollen. Man ist ihnen hoffnungslos ausgeliefert. Ist das tatsächlich dein Lebensziel?

EINE TOLLE ERFINDUNG: TEAMWORK

Die bedeutenden Wissenschaftler von früher waren meistens Einzelkämpfer, die im stillen Kämmerlein ganz allein für sich oft jahrelang herumgetüftelt haben, bis sie endlich eine bahnbrechende Erfindung gemacht haben. Heute läuft das meistens anders ab: Die Wissenschaft ist mittlerweile so komplex, dass Forscher meistens in Teams arbeiten. Sie haben erkannt, dass sie so viel schneller vorwärtskommen und ihnen im Team viel bessere Dinge einfallen. Denn in einem Team gibt es nicht nur einen Experten, sondern mehrere. Jeder kann sein Wissen, seine Erfahrungen und seine Ideen miteinfließen lassen. Das ist ähnlich wie bei einem ganz normalen Brainstorming: Da sitzt du stundenlang alleine zuhause und zerbrichst dir den Kopf. Dann triffst du dich mit deinen Freunden, ihr überlegt gemeinsam und innerhalb kürzester Zeit habt ihr die Lösung für das Problem. Hinterher weiß man oft gar nicht so genau, von wem die Idee stammt. Aber das ist auch nicht so wichtig. Die Idee hat das Team gemeinsam entwickelt. Falls du es nicht schon jetzt bestätigen kannst, wirst du es irgendwann tun: Der Heilige Geist wirkt im Team am besten!

SO NAIV WIE EIN THRILLER-OPFER?

Besonders spannend sind Thriller, Krimis und Horrorfilme, wenn man als Zuschauer mehr weiß als die Hauptperson. Da hat man zum Beispiel schon längstens kapiert, wer der Mörder ist, aber das Opfer steigt völlig ahnungslos zu ihm ins Auto. „Pass auf!", ruft man der Schauspielerin zu. „Warum kapiert die das nicht?" Als Zuschauer schüttelt man nur den Kopf über so viel Naivität. Doch vielleicht schüttelt auch Gott manchmal den Kopf über uns. „Warum merken sie nicht, auf was sie sich da einlassen?" Anders als Zuschauer bei einem Krimi, ist es im Leben manchmal echt kompliziert. Wer ist gut, wer ist böse? Wem darf man vertrauen und wem nicht? Manche verstellen sich so geschickt, dass man erst nach einiger Zeit das wahre Gesicht kennen lernt. Vor was sollte man sich in Acht nehmen? Was ist besser zu vermeiden? Die Gabe des Wissens macht dich fit, zwischen Gut und Böse zu unterscheiden. Wichtigste Voraussetzung, damit es aber auch wirklich funktioniert: Sich ganz bewusst und aufmerksam mit allem auseinandersetzen!

DU BIST DEIN BESTER COACH

Was die meisten Menschen vergessen: Am meisten kann man von sich selber lernen. Das ist wie beim Büffeln für eine Prüfung. Du kannst jetzt ganz ehrlich sein, deine Lehrerin hört ja nicht mit: Wie viele Tage vor einer Prüfung beginnst du mit dem Lernen? Wahrscheinlich ist es dir auch schon passiert, dass du es erst auf den allerletzten Drücker gemacht hast. Voller Panik am Abend vor der Prüfung noch eine riesige Menge Stoff in deinen Kopf gelöffelt … Wie ist es ausgegangen? Wahrscheinlich war das Ergebnis eine Katastrophe. Bestimmt hast du dir dann reumütig und total pflichtbewusst vorgenommen: „Nächstes Mal mache ich es anders. Nächstes Mal werde ich rechtzeitig …"

Jeder tut im Leben mal Dinge, die schiefgehen oder die man hinterher bereut. Wichtig ist, aus diesen Fehlern zu lernen und sie nicht ein zweites Mal zu machen: „Aus Schaden wird man klug". Jede Erfahrung, die wir machen, ist für uns ein kleiner Kurs. Die Herausforderung besteht darin, sich über die eigenen Erlebnisse Gedanken zu machen und sie nicht mehr zu vergessen. Wenn das so einfach wäre! Ich bin doch kein Computer, der alles speichern und jederzeit sofort abrufen kann! Musst du auch nicht sein. Vielleicht genügt es schon, abends regelmäßig auf den vergangenen Tag zurückzublicken und die Erlebnisse auszuwerten. Die besonders wichtigen und prägenden Erfahrungen können auch schriftlich in einem Tagebuch oder in einem Blog festgehalten werden.

LERNE DICH SELBER KENNEN

Es gibt Menschen, die wissen unheimlich viel: Sie kennen die Hauptstadt von Chile, sie können komplizierte chinesische Gerichte kochen, sie wissen jedes Detail über die Geschichte einer Fußballmannschaft, doch sich selber kennen sie nicht. Manche Leute scheinen sogar vor sich selber auf der Flucht zu sein und haben so riesige Angst, in sich hineinzuhören oder mit sich selber auseinanderzusetzen. Sich Wissen anzueignen bedeutet auch, sich mit sich selber zu beschäftigen und herauszufinden, wer man selber ist. Wie ist das bei dir? Wie gut kennst du dich schon? Lass es uns doch gleich testen:

◇ Was tut dir gut?
◇ Was freut dich?
◇ Was macht dir Angst?

◇ Ohne was könntest du nicht leben?

◇ Was bringt dich auf die Palme? Worauf bist du allergisch?

Diese Liste könnte man endlos fortsetzen. Du hast gerade keine Zeit und Lust dafür? Keine Sorge, der Kurs „Lerne dich selber kennen" findet nicht nur heute statt, es ist ein Kurs, der uns das ganze Leben begleitet. Wer sich immer wieder an einem Abend oder Wochenende dafür Zeit nimmt, wird bald merken: Wer sich besser kennt, lebt viel entspannter. Er erkennt auch viel schneller, was er will und was für ihn Sinn macht. Er weiß schon im Voraus, was ihm nicht guttut und zu was er Nein sagt. Übrigens: Dieser Test ist nicht nur für eine „Selbstanwendung" geeignet. Bei wie vielen Menschen in der Familie oder in deinem Freundeskreis könntest du alle Fragen beantworten? Oft ist man erstaunt, wie wenig man doch über andere weiß. Da liest man ständig bei Facebook, WhatsApp und Instagram, was Freunde und Bekannte über ihr Leben mitteilen: ein cooles Urlaubsfoto, ein lustiges Video über das Haustier, ein Kommentar zu einem neuen Charthit … Wie viel weißt du wirklich über deine Freunde?

EINE GANZ FIESE MASCHE

So fies! Du hast das sicher schon mal in einer Telenovela oder Daily Soap beobachtet: Da sehen zwei Mädchen tatenlos zu, wie eine Mitschülerin eine große Dummheit begeht. Aber anstatt sie zu warnen, schweigen sie und warten ab. Sie lassen sie ganz bewusst ins offene Messer laufen und amüsieren sich dabei prächtig. Ziemlich unfair! Die faire Alternative: Das Wissen nicht gegen den anderen zu verwenden, sondern für ihn. So wie du froh bist, wenn dich jemand mit seiner Erfahrung oder seinem Wissen auf eine Gefahr hinweist, sind auch andere froh, wenn du sie an deinem Wissen und deinen Erfahrungen teilhaben lässt. Manchmal hat es sogar einen ganz besonderen Effekt: Beim Wissen ist es ähnlich wie beim Kerzenlicht. Wenn man Kerzenlicht teilt und dadurch immer mehr Kerzen angezündet werden können, verschwindet die Dunkelheit immer mehr. Wenn wir Wissen miteinander teilen, wissen alle plötzlich mehr und jeder kann davon profitieren.

Der barmherzige Samariter
Ein Mann ging von Jerusalem nach Jericho hinab und wurde von Räubern überfallen. Sie plünderten ihn aus und schlugen ihn nieder; dann gingen sie weg und ließen ihn halb tot liegen. Zufällig kam ein Priester denselben Weg herab; er sah ihn und ging weiter. Auch ein Levit kam zu der Stelle; er sah ihn und ging weiter. Dann kam ein Mann aus Samarien, der auf der Reise war. Als er ihn sah, hatte er Mitleid, ging zu ihm hin, goss Öl und Wein auf seine Wunden und verband sie. Dann hob er ihn auf sein Reittier, brachte ihn zu einer Herberge und sorgte für ihn. Am andern Morgen holte er zwei Denare hervor, gab sie dem Wirt und sagte: Sorge für ihn, und wenn du mehr für ihn brauchst, werde ich es dir bezahlen, wenn ich wiederkomme. Was meinst du: Wer von diesen dreien hat sich als der Nächste dessen erwiesen, der von den Räubern überfallen wurde?

Lukas 10,30–36

HAUSAUFGABE: „BURN"!

Die bedeutenden Wissenschaftler haben wohl alle etwas gemeinsam: Die Forschung ist für sie nicht einfach ein „Job". Sie forschen aus Leidenschaft, sie sind Feuer und Flamme für das, was sie tun. Das ist so wie in dem Song „Burn" der Sängerin Ellie Goulding. Sie singt darin davon, dass jeder Mensch ein Feuer in sich hat. Es ist die Aufgabe von jedem, dieses Feuer zum Leuchten zu bringen, so dass man es sogar aus dem Weltraum sehen kann.

Hausaufgabe für heute Abend: Videoclip ansehen und überlegen „Für was brenne ich? Was tue ich aus voller Überzeugung? Habe ich meine Leidenschaft schon gefunden und lebe ich sie aus?"

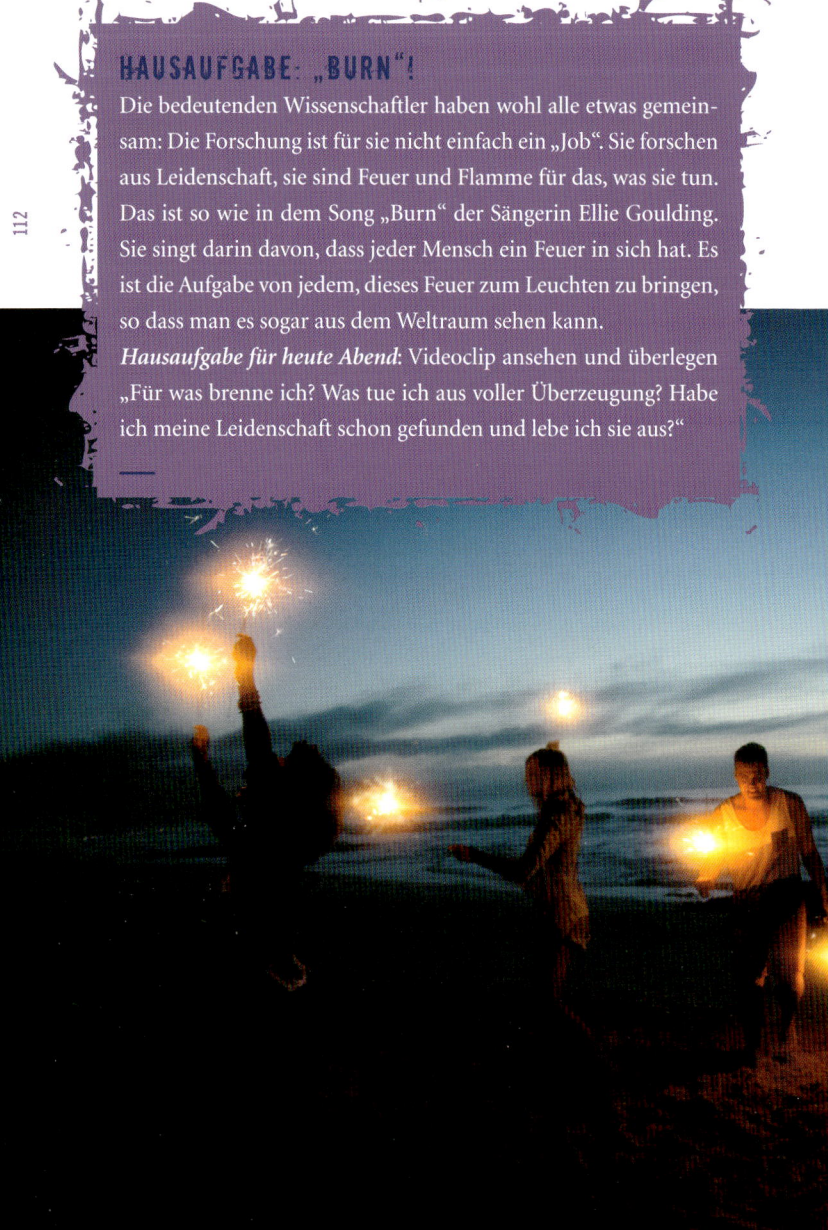

◇ WISSEN ◇

◇

Danke, Heiliger Geist, für jede Idee,
die aus dem Nichts,
nach stundenlangem Kopfzerbrechen,
tausend vergeblichen Versuchen,
plötzlich wie ein Diamant vor uns liegt.

◇

◇

Wissenschaftler für folgende Forschungsziele gesucht:

- Rezept gegen Armut finden
- Pille gegen Kriege mischen
- Impfung gegen Hass entwickeln

Hilf mir, dass die ganze Gesellschaft von meinen Ideen profitieren kann.

◇

Heiliger Geist, du bist meine Ideenflatrate,
manchmal setzt du mir Flöhe in den Kopf,
total verrückte Pläne, und doch lassen sie mich nicht mehr los.
Gib mir Mut, etwas daraus zu machen
und nicht tatenlos abzuwarten,
bis sie auf der Müllhalde verfaulen.

◇

◇

To-do-Liste

Deine Aufgabe: mir Ideen schenken

Meine Aufgabe:

Ideen prüfen, weiterentwickeln und ausführen!

Nicht vergessen:

Du schenkst mir Ideen,

ausführen muss ich sie selber

RATSO

HLAG

—RATSCHLAG—
KAPITEL 7

ANNA: „SOLL ICH IHR NOCHMALS EINE CHANCE GEBEN?"

RITA: „JETZT MACH DOCH NICHT SO EIN DRAMA!"

ZOÉ: „AN DEINER STELLE WÜRDE ICH MIR DAS GANZ GUT ÜBERLEGEN. WILLST DU MICH MAL KURZ ANRUFEN? DANN KÖNNEN WIR ES BESPRECHEN. HAST DU DENN SCHON VER-GESSEN, WAS DU LETZTEN SOMMER ZU IHR GESAGT …"

MEIKE: „SO ETWAS KANN DOCH JEDEM MAL PASSIEREN. SIE HAT ES SICHER NICHT SO GEMEINT."

ANNA: „DANKE FÜR EURE TIPPS. ABER ICH HABE MICH SCHON ENTSCHIEDEN ... ICH WEISS, WAS ICH MACHE!"

WAS TUST DU, WENN DICH EINE FRAGE BESCHÄFTIGT?

Oder anders gefragt: Wie oft hast du heute schon eine Suchanfrage gestartet? Eigentlich ist es ein Kinderspiel: Wenn ich eine Frage habe, etwas genauer wissen möchte oder etwas nicht verstehe, gebe ich den Begriff oder die Frage im Internet ein und einen Klick später habe ich tausende Antworten. Manche Menschen verwenden die Suchmaschinen mittlerweile so intensiv und für jedes Problem, als hätten sie vergessen, dass sie eigentlich auch selber denken und manche Fragen genauso gut selber beantworten könnten. So praktisch Dienste wie Google & Co. auf den ersten Blick wirken, sind sie es manchmal dann gar nicht: Wie viele Antworten hast du auf deine letzte Suchanfrage gefunden? Wahrscheinlich viel zu viele und vielleicht war es auch so, dass sich viele Antworten widersprochen haben. Am Ende weiß man, dass es zwar hunderte oder tausende Antworten gibt, aber man muss selber herausfinden, welche davon die richtige ist. Oft alles andere als eine leichte Aufgabe!

Je mehr Möglichkeiten es gibt, desto größer ist die Herausforderung, sich für eine und vor allem für die richtige zu entscheiden. Wie erkenne ich, was die richtige Entscheidung ist? Von welcher bin ich nicht nur heute, sondern auch morgen überzeugt? Bestimmt hast auch du dich schon mal nächtelang im Bett hin und her gewälzt. So viele Fragen im Kopf – und keine einzige Antwort. Welche Schule soll ich später besuchen? Welcher Beruf passt am besten zu mir?

DER TRICK GEGEN SCHLOTTERNDE KNIE

Wo finde ich Rat, wenn ich ihn am meisten brauche? Meistens gibt es genügend Menschen, die man um Rat fragen könnte. Was fehlt, ist etwas anderes: Mut. Hast du auch schon mal Bammel gehabt, jemanden um Rat oder Hilfe zu bitten? Manche Menschen sind der Ansicht, es wäre ein Zeichen von Schwäche oder Unfähigkeit, wenn man Hilfe holen muss. So ein Schwachsinn – es ist die normalste Sache der Welt! Jeder Mensch gerät irgendwann in seinem Leben in eine Situation, wo er auf andere angewiesen ist. Der Heilige Geist zeigt uns keine „Tricks" gegen schlotternde Knie, aber er verleiht uns Mut, mit anderen Menschen Kontakt aufzunehmen. Vielleicht sind das auch mal Menschen, die wir gar nicht persönlich kennen. Es ist kein Zeichen von Schwäche, jemanden um Rat zu fragen. Es wäre eher ein Zeichen von Feigheit und Selbstüberschätzung, wenn man das Gefühl hätte, schon alles allein schaffen zu können und auf niemanden, absolut gar niemanden angewiesen zu sein. Aber eines musst du versprechen: Frag nur jemanden um Rat, wenn du deine Entscheidung noch nicht gefällt hast. Oder wie würdest du auf Annas Kommentar im Chat (S. 121) reagieren? Da kommt man sich als Freund ziemlich verarscht vor. „Ich brauche eure Hilfe!" brüllen und dann gar nicht richtig zuhören oder einem sogar das Wort abklemmen, wenn eine Idee kommt, die einem gar nicht passt.

BEREIT FÜR DEN „VARIANTEN-CHECK?"

Jemanden um Rat zu bitten, kann eine Herausforderung sein, aber das Umgekehrte kann noch viel herausfordernder sein. Bestimmt verziehst du beim folgenden Satz das Gesicht: Manchmal kommen die Ratschläge auch total unaufgefordert. In manchen Situationen reden alle auf dich ein und scheinen zu wissen, was gut für dich ist. Ich weiß: Deine Eltern, deine Geschwister, deine Freunde, deine Lehrer – alle haben einen Plan für dich und wissen, was für dich richtig wäre. Aber du kannst nur den Kopf schütteln. Warum sollten sie besser wissen als du, was für dich stimmt? Manchmal glaubt man ja, ganz genau zu wissen, was man will, und man stellt sich taub. Sollen die anderen nur reden! Ich weiß, was für mich stimmt! Die Entscheidung ist gefällt, auch wenn man dafür nun mit dem Kopf gegen die Wand muss. Die Gabe des Rates bewahrt dich davor, total voreilig eine Entscheidung zu treffen. Anstatt loszustürmen hilft sie dir, in Ruhe einen „Varianten-Check" zu machen. Dieser Check ist besser bekannt als Redewendung „Prüfe alles, das Beste behalte" – ein Satz, der ursprünglich aus der Bibel stammt.

Hör dir die Argumente deiner Eltern, deiner Geschwister und deiner Freunde an. Hör sie dir ganz genau an, auch wenn sich bei dir innerlich alles gegen ihre Ideen sträubt. Frag nach, wenn du eine Idee nicht ganz verstehst. Warum meinen sie gerade, dass Weg A der beste für dich wäre? Warum ist Weg B nicht für dich geeignet? Es kann sich lohnen, auf andere zu hören. Denn sie haben andere Erfahrungen und oft auch eine andere Sichtweise auf die Dinge. Sie haben vielleicht etwas entdeckt, was du übersehen hast. Oder wer ist schon fähig, bei allen Dingen im Leben stets auch das „Kleingedruckte" zu studieren? Wenn du dir alles angehört und die Argumente der anderen gut durchdacht hast, ist es natürlich dein Recht, die Vorschläge auch abzulehnen: Vor allem jetzt nach der Firmung bist du kein Kleinkind mehr, dem die Eltern alle Entscheidungen abnehmen. Du hast jetzt deinen eigenen Kopf und du sollst auch deine eigenen Entscheidungen fällen dürfen. Aber wer sich entscheiden darf, muss auch bereit sein, mit den Konsequenzen zu leben.

Mal angenommen, du kannst mit einem Ratschlag deiner Freunde gar nichts anfangen, was tun?

a) Intensiv den Kopf schütteln und genervt die Augen verdrehen?

b) Laut herauslachen und sich über die Idee lustig machen?

c) Für den Tipp bedanken und in aller Ruhe erklären, warum dich der Tipp doch nicht überzeugt oder für dich nicht geeignet ist?

Es ist nicht verboten, Ideen und Vorschläge von anderen abzulehnen. Es sollte einfach mit Respekt passieren.

ALLERGIE-HINWEIS: BEFEHLE

Zu beachten für alle, die anderen Tipps geben: Auch wenn euer Tipp noch so gut gemeint ist, niemand ist verpflichtet, ihn zu befolgen. Tipps und Ratschläge sind Angebote und Empfehlungen – ob der andere sie annehmen möchte, darf dieser selber entscheiden. Vielleicht hört er sich deine Ideen an, denkt darüber nach und kommt dann doch zur Entscheidung, es anders zu machen. Auch wenn wir das Gefühl haben, dass er damit eine falsche Entscheidung trifft und schrecklichen Mist verursacht, müssen wir das akzeptieren. Raten ist gut, Befehlen hingegen tabu. Auch du reagierst sicher total allergisch, wenn jemand dich zu etwas zwingen möchte und deinen Willen und deine Freiheit nicht akzeptiert. PS. Und noch viel tödlicher als Befehle sind Sätze wie „Ich hab's dir doch gesagt!" – Gift für jede Freundschaft! Der Freund hat den Rat nicht befolgt und tatsächlich eine Entscheidung gefällt, die nicht gerade gut ausgegangen ist. Wahrscheinlich bekommst du dann keine Kurzmitteilung im Stil von „Hätte ich bloß auf dich gehört!" oder „Ab jetzt befolge ich alle deine Tipps." Jeder entscheidet sich mal falsch. Das ist kein Grund, sich aufzuspielen oder die „Besserwisser"-Nummer abzuziehen.

ICH WILL TIPPS VON OBEN!

Und wie kann man Gott um Rat bitten? Du hast dich für die Firmung entschieden. Deshalb interessiert dich bei wichtigen Entscheidungen bestimmt auch, was Gott dazu zu sagen hat oder was er dir raten würde. Dieser Wunsch beschäftigt die Menschen seit Jahrtausenden. Könnte man doch nur in die Zukunft blicken! Könnte man doch bloß von Gott eindeutige Zeichen bekommen! Vielleicht bist du beim Zappen auch schon mal bei einem Esoteriksender gelandet. Da werden rund um die Uhr Sendungen ausgestrahlt, bei denen die Zuschauer anrufen und Wahrsagern Fragen zu ihrer Zukunft stellen können. Die Prophezeiungen der Wahrsager sind meistens sehr vage und unklar, aber trotzdem scheinen sie den Zuschauern Hoffnung zu spenden. Mit Kartenlegen oder mit dem Blick in eine Glaskugel erfährt man Gottes Ratschlag jedoch nicht. Das Positive vorweg: Wir sind nicht auf die Hilfe von anderen Personen angewiesen, um von Gott etwas zu erfahren. Trotzdem muss man bereit sein, sich auf Gott einzulassen, um seine Botschaften mitzubekommen. Manche Menschen sagen, dass sie schon in der Bibel Antworten auf ihre Fragen gefunden haben. Die Bibel ist zwar ein uraltes Buch, doch die Tipps und Empfehlungen, die darin zu finden sind, sind bis heute hochaktuell. Kennst du schon die Gleichnisse, die Jesus den Menschen erzählt hat? Eines der bekanntesten ist das Gleichnis vom Barmherzigen Samariter (S. 111).

Es gibt auch Menschen, die sagen, dass sie beim Gebet schon viele Ratschläge von Gott bekommen haben. Wie soll das gehen? Wenn man betet, hört man doch nicht direkt eine Antwort. Das ist korrekt. Doch wer sich regelmäßig für das Gebet Zeit nimmt und darin Gott von den Dingen erzählt, die einen beschäftigen, macht die Erfahrung, dass man plötzlich selber eine Antwort auf seine Frage findet oder einem mit jedem Gebet noch klarer und deutlicher wird, welcher Weg der richtige ist. Es lässt sich da natürlich nur schwer nachzuvollziehen, ob man die Antwort selber gefunden hat oder ob es doch ein Zeichen Gottes ist. Aber man darf sicher sein: Der Heilige Geist hat mitgewirkt.

STOPP DAS KARUSSELL!

Und was, wenn ich es nicht mache, dann könnte vielleicht … Aber wenn ich es mache, könnte es am Ende auch so herauskommen, dass … Bist du schon mal stundenlang nonstop Karussell gefahren? Hoffentlich nicht! Es wäre wirklich keine empfehlenswerte Idee. Wer stundenlang Karussell fährt, dem wird nur schwindlig und übel. Genauso wird einem schwindlig, wenn man sich nonstop über ein Problem den Kopf zerbricht und sich die Gedanken immer nur im Kreis drehen. Wenn man vor einer wichtigen Entscheidung steht, ist es hilfreich, sie genau zu bedenken und dann Abstand zu gewinnen, zum Beispiel mit einer „Denkpause". Triff dich mit Freunden oder geh in den Wald und verschwende keinen Gedanken mehr an das Problem. Anschließend setzt du dich nochmals mit deinem Problem auseinander. Du wirst erkennen: Es ist auf einmal gar nicht mehr so riesig oder dir ist inzwischen, wie von allein, die perfekte Lösung eingefallen.

NEUE AUFGABE: AUSKUNFTSBÜRO

Du hast in deinem Leben mittlerweile schon selber viele Erfahrungen gemacht und bist deshalb auch in der Lage, anderen Tipps zu geben. Welche Eigenschaften machen einen zu einem guten „Auskunftsbüro"?

#Geduld

Geht gar nicht: jemanden einfach „abfertigen" zu wollen. Wenn du jemandem wirklich helfen möchtest, musst du dir auch genügend Zeit dafür nehmen. Selbst wenn du deswegen ein wichtiges Fußballspiel oder Folge 4 einer Castingshow verpasst.

#Aufmerksamkeit

Bevor du überhaupt einen Tipp geben kannst, musst du ganz genau hinhören. Worum geht es eigentlich? Nicht sofort losquasseln, sondern dem anderen genügend Zeit geben, alles in Ruhe zu erzählen. Frage nach, bis du alle Informationen hast.

#Hineinversetzen

Es geht nicht um dich, sondern um die Person, die dich um Rat fragt. Versuch dich deshalb in sie hineinzuversetzen. Wie würde es dir gehen, wenn du sie wärst?

Am einfachsten ist es natürlich, wenn man ganz direkt danach gefragt wird: „Kannst du mir helfen?", „Hast du eine Idee …?", „Wie würdest du an meiner Stelle …?" Doch wie du haben vielleicht auch deine Freunde manchmal Muffensausen, jemanden um Rat zu bitten. Bist du fähig, zu erkennen, wenn jemand Hilfe braucht? Und hast du es drauf, ihm Tipps zu geben, ohne dass es belehrend wirkt oder sich der andere wie ein Trottel vorkommt?

___

KEINE PANIK

Du stehst an einer Abzweigung und weißt nicht, welchen Weg du nehmen möchtest? Leider ist das bei Lebensentscheidungen nicht immer so einfach wie auf einer Wanderung, wo man einfach den Wegweisern folgen muss. Was, wenn ich die falsche Abzweigung nehme, meilenweit in die falsche Richtung laufe und es erst nach Einbruch der Dunkelheit bemerke? Keine Angst! Auch wer mal im Leben aus Versehen die falsche Richtung wählt oder die falsche Entscheidung trifft, hat nicht alle Chancen verspielt. Gott steht dir zur Seite. Er lässt niemanden im Regen stehen. Er kümmert sich um jeden Einzelnen von uns – selbst, wenn wir das Gefühl haben, wir hätten es komplett vergeigt.

———

Jesus erzählte folgendes Gleichnis:
„Wenn einer von euch hundert Schafe hat und eins davon verliert, lässt er dann nicht die neunundneunzig in der Steppe zurück und geht dem verlorenen nach, bis er es findet? Und wenn er es gefunden hat, nimmt er es voll Freude auf die Schultern, und wenn er nach Hause kommt, ruft er seine Freunde und Nachbarn zusammen und sagt zu ihnen: Freut euch mit mir; ich habe mein Schaf wiedergefunden, das verloren war. Ich sage euch: Ebenso wird auch im Himmel mehr Freude herrschen über einen einzigen Sünder, der umkehrt, als über neunundneunzig Gerechte, die es nicht nötig haben umzukehren. Oder wenn eine Frau zehn Drachmen hat und eine davon verliert, zündet sie dann nicht eine Lampe an, fegt das ganze Haus und sucht unermüdlich, bis sie das Geldstück findet? Und wenn sie es gefunden hat, ruft sie ihre Freundinnen und Nachbarinnen zusammen und sagt: Freut euch mit mir; ich habe die Drachme wiedergefunden, die ich verloren hatte. Ich sage euch: Ebenso herrscht auch bei den Engeln Gottes Freude über einen einzigen Sünder, der umkehrt."

Lukas 15,4–11

Sei das Ausrufezeichen
gegen alle Fragezeichen
in meinem Leben,
schalte den Scheinwerfer ein,
wenn die Antwort direkt vor mir liegt
und ich sie vor lauter Zerstreutheit übersehe.

◇

◇

Heiliger Geist, du lieferst mir nicht
1,4 Millionen Suchergebnisse,
sondern die Lupe, die mich darauf aufmerksam macht,
welche Entscheidung für mich die beste ist.

◇

◇

Bin ganz ehrlich:
Hab manchmal Angst,
die falsche Ausfahrt zu nehmen
eine Haltestelle zu früh
aus dem Bus zu springen
und im Nirgendwo zu landen.
Möchte mehr darauf vertrauen,
dass du selbst dann an meiner Seite bist.

—ZÜNDENDE FUNKEN—

NACHWORT

ZÜNDENDE FUNKEN

Heiliger Geist hier, Heiliger Geist dort, Heiliger Geist überall, in allen Formen und rund um die Uhr … in diesem Buch wurde die ganze Zeit vom Heiligen Geist gesprochen, doch fast nie von Gott. Was hat der Heilige Geist mit Gott genau zu tun? Oder ist das dasselbe: Gott = Heiliger Geist?

Christen glauben an einen Gott. In der Bibel wird beschrieben, dass Gott den Menschen auf drei Weisen begegnet: im Vater, durch den Sohn (er ist mit Jesus Christus Mensch geworden) und im Heiligen Geist. Wenn jetzt also vom Heiligen Geist die Rede ist, dann ist damit Gott gemeint. Das Wort „Geist" ist für uns heute leider etwas irritierend. Bei diesem Wort fallen einem meistens zuerst andere Dinge ein: Spukschloss, Gespenster, unheimliche Phänomene oder die Geisterbahn … Damit hat der Heilige Geist natürlich gar nichts zu tun. Wie sollen wir uns den Heiligen Geist aber nun konkret vorstellen oder mit welchen anderen Begriffen könnten wir ihn am besten beschreiben? Es ist unheimlich kompliziert, für etwas, das nicht sichtbar ist, einen passenden Begriff oder ein passendes Bild zu finden. So wie es unmöglich ist, für Gott ein Bild zu finden, so unmöglich ist es, ein Bild für den Heiligen Geist zu finden. Die beiden bekanntesten Symbole für ihn kennst du aber bestimmt schon lange.

Wie gefällt dir die Musik von Katy Perry, Ellie Goulding, Christina Stürmer und Eko Fresh? „Das sind doch ganz verschiedene Musiker!", denkst du jetzt vielleicht. Kann man die wirklich miteinander vergleichen? Auf den ersten Blick haben diese Künstler kaum etwas miteinander zu tun. Doch alle von ihnen haben schon einen oder mehrere Songs veröffentlicht, in dem das gleiche Symbol oder die gleiche Redewendung im Vordergrund steht: „Burn", „Feuer" oder „Für etwas Feuer und Flamme" sein. Bestimmt hast auch du schon mal jemandem erzählt, dass du für etwas „Feuer und Flamme" bist, „für etwas brennst" oder etwas voller Leidenschaft tust. Eigentlich sind die Songtexte von Katy Perry & Co. total altmodisch. Die Feuer-Symbolik gibt es schon lange und kommt nämlich schon in der Bibel als Symbol für den Heiligen Geist vor. Dort wird beschrieben, wie er als Feuerzungen oder Flamme den Menschen erscheint. Besonders eindrücklich wird das in der Apostelgeschichte erzählt.

Am fünfzigsten Tag nach Ostern waren die Jünger, die Freunde von Jesus, wieder mal beisammen. Sie hatten den Tod und die Auferstehung von Jesus erlebt. Doch inzwischen waren sie wieder allein. Gott hatte Jesus in den Himmel aufgenommen. Die Jünger waren ziemlich ratlos und verunsichert. Was sollten sie nun genau machen? Sie diskutierten intensiv miteinander. Da kam es plötzlich zu einem überraschenden Ereignis:

„Als der Pfingsttag gekommen war, befanden sich alle am gleichen Ort. Da kam plötzlich vom Himmel her ein Brausen, wie wenn ein heftiger Sturm daherfährt, und erfüllte das ganze Haus, in dem sie waren. Und es erschienen ihnen Zungen wie von Feuer, die sich verteilten; auf jeden von ihnen ließ sich eine nieder. Alle wurden mit dem Heiligen Geist erfüllt und begannen, in fremden Sprachen zu reden, wie es der Geist ihnen eingab" (Apg 2,1–4).

Die Christen halten die Erinnerung an dieses prägende Ereignis bis heute wach und feiern jedes Jahr Pfingsten (genau 50 Tage nach Ostern). Es ist aber nicht nur ein „Jubiläumsfest", sondern gleichzeitig machen wir uns bewusst, dass der Heilige Geist wie damals auch heute wirkt. Manchmal eher unscheinbar und still, manchmal aber auch wie ein mächtiger, unübersehbarer Föhnsturm, so wie es damals bei den Jüngern passiert ist. Beim zweiten bekannten Symbol für den Heiligen Geist kommt vielen Menschen heute zunächst etwas anderes in den Sinn: Frieden und Versöhnung. Die weiße Taube – manchmal sogar Friedenstaube genannt – ist weltweit als Friedensbringerin bekannt. Die Taube ist in den Logos vieler Friedensbewegungen zu finden. Das Taubensymbol ist aber wie die Feuersymbolik uralt und kommt bereits in der Bibel vor. Und so ist die Taube auch auf alten christlichen Darstellungen als Symbol für den Heiligen Geist zu finden.

JETZT GEHT ES ERST LOS …

Die beiden Symbole Feuer und Taube machen zwei wichtige Eigenschaften des Heiligen Geistes sichtbar: Er entfacht in uns die Freude und er gibt uns die Kraft und den Antrieb zum friedlichen Miteinander. Doch der Heilige Geist hat noch eine andere bedeutende Eigenschaft, die viele Menschen heute vergessen: Er ist unfassbar. Er lässt sich nicht auf Knopfdruck bestellen und er lässt sich nicht auf etwas reduzieren. Es wäre unmöglich, ihn „schubladisieren" zu wollen. Vielleicht hast du schon mal den Satz „Der Geist wirkt, wo er will" gehört. Das trifft es eigentlich ganz gut auf den Punkt. Oft ist es auch gerade so, dass der Heilige Geist uns unter die Arme greift, wenn wir am wenigsten damit rechnen würden. Jeden Funken Hoffnung verlieren? Aufgeben? Bitte nicht so schnell, vielleicht dauert es nur noch ein paar Tage und der Heilige Geist sorgt für neue zündende Funken, Energie, Einblicke oder eine neue Chance!

EIN LEBENSLANGES SPIEL

Der Geist ist immer ein Geschenk und keine Selbstverständlichkeit. Bei der Firmung bitten wir Gott darum, den Firmkandidatinnen und Firmkandidaten seinen Geist zu senden. Jetzt könnte man sich als gefirmter Mensch bequem zurücklehnen und denken: „Erledigt, jetzt habe ich den Heiligen Geist und muss mich deshalb nach der Firmung auch gar nicht mehr groß damit auseinandersetzen." Ein riesiges Missverständnis! Wer sich mit dem Skateboard fortbewegen möchte, muss das zuerst lernen und danach auch regelmäßig mit dem Board unterwegs sein, um nicht aus der Übung zu kommen. Was hast du bei der Firmung versprochen? Der Heilige Geist setzt zwar keinen „Rost" oder Staub an, wenn man ihn links liegen lässt. Doch er kann sich in unserem Leben nur voll entfalten, wenn wir uns ihm öffnen und uns ihm immer wieder neu an die Fersen heften. Denn: Auch wenn der Heilige Geist eine so gewaltige Kraft hat, die Stöpsel aus den Ohren ziehen und die Tomaten von den Augen nehmen musst du selber! Die Beschäftigung mit dem Heiligen Geist ist so etwas wie ein lebenslanges Spiel. Es geht bei diesem Spiel aber nicht darum, möglichst viele Punkte zu sammeln oder auf dem ersten Platz bzw. dem „Highscore" zu landen. Man kann den Heiligen Geist nicht „festmachen". Niemand kann also je sagen: „Jetzt habe ich ihn und bin am Ziel." Aber du darfst ihn jederzeit „anrufen" und ihn um Hilfe bitten, wenn du ihn brauchst. Dabei kann es sich um ganz allgemeine Wünsche handeln – wie die Bitte um mehr Mut – oder auch um ganz konkrete Anliegen (z. B. Ruhe und Konzentration bei der nächsten Matheprüfung). Aber nicht vergessen: Wie der Heilige Geist wirkt, das können wir nicht selber bestimmen. Manchmal ereignen sich Dinge in unserem Leben, die wir überhaupt nicht geplant haben und uns vielleicht zunächst auch gar nicht in den Kram passen. Viele Menschen reagieren darauf meistens ziemlich radikal: Sie versperren sich und weisen es von sich. „Was soll ich denn damit?" Wer sich aber auf den Heiligen Geist einlässt, hat Geduld und Vertrauen, dass einem vielleicht nicht heute, aber eventuell schon morgen ein Licht aufgeht und man erkennt, welche Chancen der Heilige Geist einem eröffnet hat. Deshalb sollte man nie den Mut verlieren, Neues oder etwas, das auf den ersten Blick vielleicht noch keinen Sinn ergibt, auszuprobieren. Ein Schwerverbrechen am Heiligen Geist wäre es, sich tiefbetrübt ins Sofa zurückzulehnen, die Arme zu verschränken, nichts mehr ausprobieren zu wollen und zu beschließen, keinen Finger mehr zu krümmen, „weil eh alles sinnlos ist". Der Heilige Geist ist keine Garantie, dass etwas gleich beim ersten Mal klappt. Aber wir dürfen uns darauf verlassen, dass er uns immer noch andere Möglichkeiten und Chancen zeigt und uns dabei hilft, diese zu erreichen. Auch die beste Fußballmannschaft verliert mal ein Spiel oder manchmal sogar mehrere nacheinander. Und dann, vielleicht glaubt schon fast kein Fan mehr wirklich an sie, schaffen sie die Wende.

MEHR ALS NUR ZUFÄLLE

Der Heilige Geist ist nicht sichtbar, aber er ist trotzdem manchmal sehr deutlich wahrzunehmen:

◦ Du verbringst eine unbeschwerte Zeit mit anderen Menschen, die Stimmung ist gut, alle fühlen sich wohl und die Zeit vergeht wie im Flug.
◦ Ihr sucht gemeinsam eine Lösung für ein Problem, ihr denkt gemeinsam eine Weile nach und plötzlich fällt euch eine geniale Idee ein.
◦ Du steckst in einer großen Krise und hast keine Ahnung, wie es weitergehen soll. Tausend Fragen und Sorgen lassen dich nicht schlafen. Und auf einmal tut sich aus dem Nichts eine Lösung auf, mit der du nie gerechnet hättest.

Das sind natürlich ganz verschiedene Situationen, aber sie haben eine Gemeinsamkeit: Keiner kann im Nachhinein so genau erklären, warum alles so gut gelaufen ist und „was" es denn gerade gewesen ist. Es gibt Menschen, die werten so etwas ganz nüchtern als „Glück!", „Zufall!" oder „Schicksal!" ab. Doch vielleicht hast auch du schon mal auf dein bisheriges Leben zurückgeblickt und all diese „glücklichen Zufälle" oder „entscheidenden Situationen", die dein Leben verändert haben, unter die Lupe genommen. Könnte das tatsächlich alles einfach nur purer Zufall sein? Da kommt selbst der größte Zweifler irgendwann ins Grübeln: Wenn etwas Gutes passiert, auch wenn eigentlich alle Argumente und jede Vernunft dagegen gesprochen haben, dann muss da wohl doch mehr dahinterstecken. Es lohnt sich, sich für den Heiligen Geist zu öffnen und auf seine Kraft einzulassen! Mach Augen, Ohren und Herz weit auf und nimm wahr, wie er in deinem Leben immer wieder neu die Funken fliegen lässt.

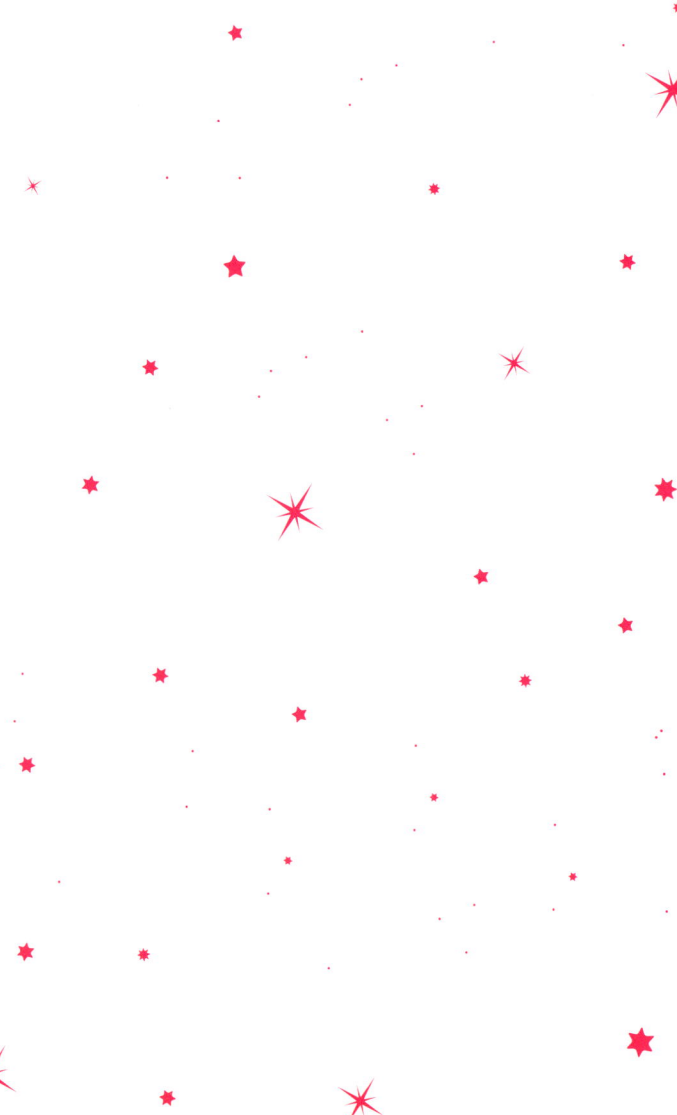

MEIN WUNSCH FÜR DICH:

Du hast es stets drauf, selbst im dichtesten Nebel
den Heiligen Geist zu orten.
Er hilft dir mit ganzer Kraft,
wenn du mitten im Sturm stehst
oder dich nur ein paar Millimeter vom Abgrund trennen.
Du lässt dich immer wieder auf ihn ein,
und verlierst sie nie: die Leidenschaft fürs Leben.
Du spürst immer wieder tief in dir,
wofür du brennst,
was dir wirklich wichtig ist.

Bücher für junge Menschen von Stephan Sigg

Nächtelang und meilenweit
Was Freundschaft ausmacht

Warum sind Freunde wichtig? Wie zeigt sich, ob ich jemandem vertrauen kann? Originelle Texte und Anregungen zum Thema Freundschaft.

128 Seiten, durchgehend farb. illustriert, Broschur
ISBN 978-3-7022-3524-6

Friedens-Rap
**Das Franziskus-Gebet
für junge Menschen**

Steine ins Rollen bringen – das kann jeder, täglich! Stephan Siggs Texte machen das Franziskus-Gebet zu einem aktuellen Klassiker.

48 Seiten, durchgehend farb. illustriert, Broschur
ISBN 978-3-7022-3293-1

Echtzeit
Neue Gebete für junge Menschen

24 Stunden lang – was freut dich, was belastet dich – und wie kannst du es Gott sagen? Unkonventionelle Texte, verpackt in flottes Design mit knalligem Leuchtorange.

96 Seiten, durchgehend farb. illustriert, Broschur
ISBN 978-3-7022-3171-2

Treibstoff
Zündende Gebete zu brennenden Fragen

Vom Brot-Rap bis zur jenseitstrunkenen Performance sind in diesem topaktuellen Gebetbuch alle Themen versammelt, die Jugendlichen in der heutigen Zeit unter den Nägeln brennen.

96 Seiten, durchgehend farb. illustriert, Broschur
ISBN 978-3-7022-2821-7